나폴레온 힐
마지막 수업

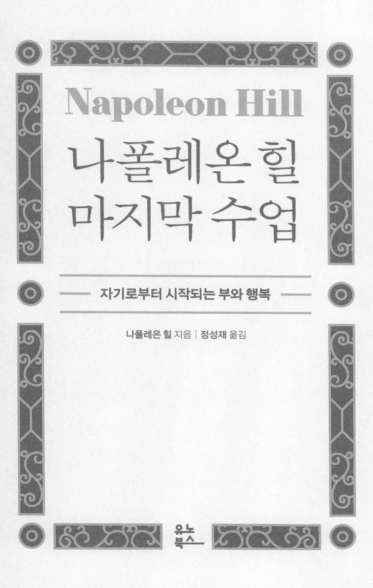

Napoleon Hill

나폴레온 힐
마지막 수업

자기로부터 시작되는 부와 행복

나폴레온 힐 지음 | 정성재 옮김

유노
북스

Napoleon Hill

당신이 어떤 상황에서든 최고로 행복하게끔 노력하고
정당하게 사용 가능한 모든 물질적인 부를 축적하게끔 분투하는
이 세상 유일한 존재는 바로 당신 자신이다.

◎

성공하기 위해서는 마음의 평화를 찾아야 하고
삶에 물질적으로 필요한 것들을 가져야 하며
무엇보다 행복을 얻어야 한다.

Pathways to Peace of Mind

진정한 성공의 방법을
나누는 사람

나폴레온 힐의 손자이자 나폴레온 힐 재단의 이사인 박사 J. B. 힐은 최근 재단에 한 원고를 전달했다. 바로 나폴레온 힐이 1950년대에 아들 데이비드, 즉 J. B. 힐의 아버지에게 준 원고였다. 나폴레온은 원고에 '마음의 평화를 얻는 방법'이라는 제목을 붙여 신문 칼럼으로 연재할 계획이었다. 그러나 원고는 재단에서도 알 수 없는 이유로 공개된 적이 없었고 비로소 이 책을 통해 세상에 모습을 드러낸다.

재단 이사들은 나폴레온이 1947년에 쓴 미완성 자서전에서 그간 공개되지 않았던 부분을 발췌해 원고에 덧붙였다. 여기에 그가 1919년과 1920년에 본인의 잡지 〈힐의 황금률(Hill's Golden Rule)〉에 게재한 사설까지 더했다.

나폴레온은 행복한 삶을 이루는 주된 요소가 '마음의 평화'라고 생각했다. 이 책에 실린 글은 모두 마음의 평화를 얻는 방법에 대해 탐구하기에 한 권의 책으로 완성할 수 있었다. 마지막에 나오는 부록은 1948년 한 라디오 방송에서 나눈 대담을 기록한 것으로 이 책에서 최초로 공개한다. 여기서 나폴레온은 성공과 행복에 이르기 위해 가장 필수적인 능력이 무엇인지 밝힌다.

베스트셀러 《생각하라 그리고 부자가 되어라(Think and Grow Rich)》는 경제적으로 성공하는 방법을 안내하는 책으로 여겨지고는 한다. 물론 경제적 성공이 책의 주제 중 하나인 것은 사실이다. 하지만 나폴레온은 경제적 성공이 인생의 가장 위대한 성공이라고 생각하지는 않았다.

그는 오히려 타인을 도와 마음의 평화를 얻을 때 진정한 부가 따른다고 믿었다. 실제로 그가 84세였던 1967년에 출간한 마지막 저서는 《마음의 평화로 부자되기(Grow Rich with Peace of Mind)》였으며 오로지 마음의 평화를 주제로 다뤘다.

자기 계발을 연구하는 데 일생을 바친 작가는 수도 없이 많다. 그중 가장 유명한 사람은 단연 나폴레온 힐이지만 그 이전에도 자기 계발을 연구한 사람들이 있었다.

새뮤얼 스마일스는 1859년에 《자조론(Self Help)》을 출간해 사람들이 자기 계발의 개념을 깨달을 수 있도록 했다. 그는 그 책에서 목표를 달성하기 위해 오랜 시간 열심히 일하고 역경을 극복한 이들의 이야기를 소개했다. 나폴레온 힐 역시 새뮤얼 스마일스의 책에 지대한 영향을 받아 20세기 초 자기 계발서를 직접 쓰기 시작했다.

그러나 나폴레온 힐의 책은 새뮤얼 스마일스의 책을 비롯한 여타 자기 계발 서적과 1가지 다른 점이 있었다. 바로 독자에게 어떻게 성공하는지를 보여 준다는 점이었다. 그는 성공하기 위해, 인생에서 바라는 바를 이루기 위해 거쳐야 할 단계를 상세히 나열했다.

나폴레온 힐은 방법을 알려 주는 작가였다. 가장 유명한 저서 《생각하라 그리고 부자가 되어라》에서 그는 성공에 이르는 여러 단계를 제시한다. 경제적으로 성공하는 데 초점을 두고 있지만 살면서 원하는 것이 있다면 이 방법으로 무엇이든 얻을 수 있다.

첫째, 원하는 금액을 마음속으로 정확히 설정하라

그저 "돈을 많이 벌고 싶다"라고 말하는 것으로는 부족하며 액수가 명확해야 한다.

둘째, 대가로 무엇을 줄 것인지 결정하라

원하는 만큼 부를 얻었을 때 그 대가로 무엇을 줄 것인지 정확히 생각해야 한다. 세상에 공짜는 없다.

셋째, 시한을 정하라

원하는 부를 얻고자 하는 시한이 정확해야 한다.

넷째, 계획을 수립하라

원하는 것을 얻으려면 명확한 계획이 필요하다. 그리고 계획을 실행에 옮길 준비가 됐든 안 됐든 즉시 실행하라.

다섯째, 목표 금액을 글로 작성하라

목표한 금액을 분명하고 간결하게 글로 작성하라. 목표 금액에 도달하는 시한과 돈의 대가로 무엇을 줄지도 적어야 한다. 그리고 돈을 모을 계획 역시 명확하게 기술하라.

여섯째, 글로 적은 내용을 큰 소리로 읽어라

잠자리에 들기 직전에 한 번, 아침에 일어난 직후에 한 번, 이렇게 하루 두 번씩 큰 소리로 읽어라. 읽으면서 이미 부를 소유한 자신의 모습을 보고 느끼며 믿어보라.

이 6가지는 돈뿐만 아니라 당신이 바라는 어떤 것에든 적용할 수 있다. 당신이 마음의 평화라는 커다란

선물을 받을 수 있도록 나폴레온 힐은 이 책에서 6단
계를 활용하는 방법들과 그 밖의 성공 원칙들을 보여
줄 것이다.

  마음의 평화에 이르는 길을 안내하는 이 책을 재밌
게 읽기를 바란다. 돈은 마음의 평화를 얻는 데 도움
이 되지만 그저 돈만으로 마음의 평화를 얻기란 불가
능하다. 그럼 무엇이 마음의 평화를 가져다주는가? 나
폴레온은 수많은 요소와 특성, 원칙을 알아냈다. 그중
그의 가르침이 전하는 가장 중요한 방법을 이 책의 마
지막에서 알 수 있을 것이다.

                        _돈 그린(나폴레온 힐 재단 이사 겸 CEO)

위대한 유산을
기리며

할아버지에 대한 첫 기억은 12세 시절로 거슬러 올라간다. 할아버지는 내게 《생각하라 그리고 부자가 되어라》와 10달러짜리 지폐를 쥐어 줬다. 나는 그 책을 읽지 않았고 10달러짜리 지폐가 어떻게 됐는지도 기억나지 않는다.

아버지는 젊은 나이에 입대해 제2차 세계 대전과 한국 전쟁에 참전했다. 그 뒤로도 군 복무를 이어 가 현역 시절에 보여 준 무용과 공적으로 여러 훈장을 수여

받았으며 지금은 알링턴 국립묘지에 안장됐다.

나는 아버지의 발자국을 따라가기로 결심했고 미국 해병대에 입대해 26년을 복무했다. 그동안 밴더빌트 대학교에서 학위를 땄고 마침내 할아버지의 책 《생각하라 그리고 부자가 되어라》를 읽었다. 해병대를 전역한 뒤에는 46세의 나이로 의과 대학에 진학했다. 지금은 의사로서 의술을 실천하고 있다.

나는 할아버지가 너무나 자랑스럽다. 할아버지 덕분에 수많은 사람이 각자의 꿈을 이뤘을 테니 말이다. 나 역시 나폴레온 힐 재단 이사회의 일원으로서 재단과 함께하며 셀 수 없이 많은 사람이 나름의 성공에 이르도록 도울 수 있었다.

이 책의 1부는 1953년 한국 전쟁이 끝나고 조국으로 돌아온 아버지에게 전달된 글이다. 최근 아버지의 소장품들을 살펴보다가 '마음의 평화를 얻는 방법'이라는 제목의 원고를 발견했다. 표지에 따르면 원래 신문 칼럼에 연재하려고 했던 글이었다는데 결국 공개되지는 않았다. 할아버지가 워낙 다작을 했기에 공개되지 않은 글이 발견돼도 별로 놀랄 일은 아니다. 세상을 떠난 지 50년이 넘었음에도 생전에 남긴 글이 여전히 가족과 재단에 의해 발굴되고 있다.

이 책은 70년 가까이 숨어 있다 마침내 빛을 보게 됐다. 유익하고 영감을 불어넣는 책이자 시대를 초월하는 보석 같은 책이다. 할아버지의 유산이 영원히 기억되기를 간절히 바라는 손자로서 여러분이 이 책을 즐겁게 읽어 줬으면 좋겠다.

_박사 J. B. 힐

성공을 보장하는
마음의 평화란 무엇인가

마음의 평화는 가난을 누그러뜨리고 부를 돋보이게 한다.

나폴레온 힐

마음의 평화는 제값을 지불하면 누구나 구할 수 있지만 헐값에 구할 수는 없다. 이제부터 성공한 자들의 이야기가 이어질 것이며 이를 통해 당신은 마음의 평화가 무엇인지, 그 값이 얼마이며 어떻게 얻을 수 있는지 알게 될 것이다.

마음의 평화를 찾으러 출발하기 전에 먼저 우리가 찾는 마음의 평화란 무엇인지부터 정확히 알아보자. 마음의 평화는 다양한 상황에 다양한 모습으로 존재한다. 또한 그것이 무엇이든 명확히 표기된 가격표가 붙어 있다.

- 우선 마음의 평화란 모든 형태의 걱정을 완전히 극복하는 것이다.
- 마음의 평화란 삶에 필요한 물질적인 것의 결핍으로부터 해방되는 것이다.
- 마음의 평화란 신체적·정신적 질병의 원인이 제거되거나 바람직한 것으로 전환돼 질병으로부터 해방되는 것이다.
- 마음의 평화란 지속적으로 인류를 속박한 과거의 두려움과 미신으로부터 해방되는 것이다.
- 마음의 평화란 7가지 기본적인 두려움으로부터 해방되는 것이다.

1. 가난에 대한 두려움

2. 비판에 대한 두려움

3. 건강을 잃는 것에 대한 두려움

4. 사랑을 잃는 것에 대한 두려움

5. 자유를 잃는 것에 대한 두려움

6. 노년에 대한 두려움

7. 죽음에 대한 두려움

- 마음의 평화란 인간의 흔한 결점, 즉 무언가를 거저 얻거나 제값보다 저렴하게 얻는 삶을 추구하는 것으로부터 해방되는 것이다.

- 마음의 평화란 어떤 것에 대해서든 스스로 생각하는 습관이다. 이는 신이 인간에게 부여한 특권으로, 개인이 항상 완전히 통제권을 가질 수 있는 유일한 대상이다.

- 마음의 평화란 스스로 내면을 자주 점검하는 습관이다. 이를 통해 자신의 성격에 어떤 변화를 줘야 할지 결정할 수 있다.

- 마음의 평화란 몽상가가 아닌 현실주의자로서 삶의 진실을 바라볼 수 있도록 용기를 기르는 습관

이다.

- 마음의 평화란 다른 사람을 희생시키면서 유명해지고 권력을 갖고 부를 얻으려는 욕망을 통제하는 습관이다.
- 마음의 평화란 다른 사람이 스스로 해낼 수 있도록 돕는 습관이다.
- 마음의 평화란 누구나 인간의 문제를 해결하기 위해 무한 지성의 힘을 자유롭게 접하고 사용할 특권이 있음을 인정하는 것이다.
- 마음의 평화란 죽음이라는 변화 이후에 어떤 일이 일어날지에 대한 걱정에서 해방되는 것이다.
- 마음의 평화란 복수하려는 열망으로부터 해방되는 것이다.
- 마음의 평화란 어떤 인간관계에서든지 한층 더 노력하는 습관이다. 즉 내가 보상받는 것보다 더 많은 일을 잘해 주고 동시에 긍정적인 마음가짐을 유지하는 습관이다.
- 마음의 평화란 무언가를 소유하는 것이 타인을 위해 사용하는 영광과 다르다는 사실을 확실하게

이해하는 것이다.

- 마음의 평화란 당신이 누구인지, 다른 사람에게는 없는 당신만의 장점과 능력이 무엇인지 인지하는 것이다.

- 마음의 평화란 실패가 좌절감으로 이어지는 습관을 버리는 것이다.

- 마음의 평화란 원하는 것에 대해 생각하는 습관이며 원하는 바를 얻으려고 노력하는 동안 나타날 수 있는 장애물은 생각하지 않는 습관이다.

- 마음의 평화란 원하는 것이 있을 때 모든 상황이 준비되기를 기다리는 대신 현재 상황에서 곧바로 실행하는 습관이다.

- 마음의 평화란 당신에게 닥친 작은 불행을 웃어넘기고 불행이 오히려 축복이 될 수 있음을 인식하는 습관이다.

- 마음의 평화란 역경과 패배 그리고 실패를 겪을 때 그것을 손해로 여기고 슬퍼하기보다 그만큼 이익이 될 만한 씨앗을 찾는 습관이다. 인간의 경험에는 반드시 얻을 것이 존재한다.

- 마음의 평화란 불쾌함을 피하지 않고 기쁨에 지나치게 취하지 않으며 삶을 편안한 마음으로 받아들이는 습관이다.
- 마음의 평화란 소유보다 실천에서 행복을 찾는 습관이다.
- 마음의 평화란 허드렛일에 만족하기보다 자기만의 방식과 가치에 따라 보상받는 삶을 만들어 가는 습관이다.
- 마음의 평화란 무언가를 얻으려고 하기 전에 먼저 주는 습관이다.

이렇듯 마음의 평화란 일종의 관습이며 오로지 정확한 공식을 따를 때만 얻을 수 있다. 그 공식이 무엇인지는 마음의 평화에 다다른 사람들의 이야기를 통해 밝힐 것이다. 물질적 부를 축적하는 데 성공한 이들을 거의 40년 동안 분석한 후에야 비로소 이 공식의 비밀을 알게 됐다.

600명이 넘는 고위 인사가 내게 경제적 성공의 비밀을 알려 줬지만 그중 누구도 지속적인 마음의 평화를 얻지 못한 것으로 보였다. 이 깨달음이 너무나 충격적이었기에 나로서는 마음의 평화에 이르는 방법을 찾아야겠다는 생각뿐이었다. 그리고 마침내 방법을 찾고 나니 놀랍게도 이 방법은 누구에게나 열려 있다는 사실을 깨달았다.

나는 성공한 인물들의 이야기를 통해 청사진을 보여줄 것이다. 이 청사진을 따를 의지만 있다면 누구나 마음의 평화를 찾을 수 있다.

당신과 마음의 평화 사이에 존재하는 어떤 문이든 마스터키가 있으면 열 수 있다. 다만 마스터키의 정체는 마지막 이야기에 다다라서야 밝혀질 것이다. 초심자는 앞으로 소개할 이야기들을 확실히 이해하면서 마스터키의 사용법부터 배워야 하기 때문이다.

_나폴레온 힐

차례

Napoleon Hill

1부

—

성공은
마음의 평화와
함께 온다

내면이 평화롭지 못하거나 다른 사람과 평화롭게 지내지 못한다면 당신은 성공한 것이 아니다.

_나폴레온 힐

01

타인을 돕는 것이 나를 돕는 것이다

나눔

'백화점의 왕'이자 자선가로 유명한 존 워너메이커가 이렇게 말한 바 있다.

문제를 해결할 수 없거나 앞으로 어떻게 해야 할지 몰라서 걱정이 될 때면 할 수 있는 일이 하나 있다. 어쩌면 문제를 금방 해결할 수 있고 언젠가 결과적으로 해결책에 이를 수 있는 방법이다. 일단 주위를 둘러보며 당신보다 더 큰 문제에 봉착한 사람을 찾아낸 뒤 그가 문제를 해결할 수 있도록 곧바로 도와라. 그 사람의 해결책을 찾을 때쯤이면 당신 문제에 대한 해결책 역시 찾았을 가능성이 매우 높다.

이 독특한 철학을 접하자마자 나를 포함해 주변에 문제를 안고 살아가는 이들을 더 자세히 관찰하기 시작했다. 이를 통해 얻은 결과는 이 조언이 옳다는 것이었다.

앤드루 카네기는 워너메이커의 철학, 즉 자기 자신을 돕기 위해 먼저 타인을 돕는 습관이 타당하다는 사실을 잘 이해했다. 그래서 자신의 막대한 재산 중 대부분이라고 여기는 것을 전 세계에 전파해 달라고 내게 부탁했다. 바로 '부를 축적하면서 얻은 노하우'였다.

카네기는 부를 나누는 기술의 대가였다. 직원은 물론이고 사업 파트너들과 기회를 공유하는 일을 훌륭히 해냈다. 덕분에 미국의 다른 어떤 기업가보다 더 많은 백만장자를 양성했다는 공로를 인정받기도 했다.

그는 행복을 나누는 일이 2가지 보답으로 돌아온다는 사실을 깨달았다. 첫 번째 보답은 다른 이의 성공을 도우며 마음의 평화를 경험할 수 있다는 것이고, 두 번째 보답은 물질적인 부를 얻을 수 있다는 것이다.

기꺼이 행복을 나누는 자세는 인생의 여러 재산 중 하나다. 인생의 재산 중 첫 번째 항목이자 가장 중요한 항목인 긍정적인 마음가짐 못지않게 비중이 크다. 이제 이 원칙의 실제 사례를 살펴보자.

부와 행복이라는 빚의 채권자

내 유명한 제자 중 하나인 에드워드 초우트에 관한 이야기다.

제2차 세계 대전 당시 그는 캘리포니아주 로스앤젤레스에서 생명 보험 회사의 보험 판매원이었다. 자신의 시간 중 80퍼센트를 할애해 정부가 전쟁 채권을 팔 수 있도록 도왔는데 그에 따른 직접적인 보상은 전혀 받지 못했다. 10퍼센트의 시간은 다른 생명 보험 판매원들을 돕고 교육하는 데 사용했다. 그들은 판매 실적에 걸림돌이 될지도 모르는 경쟁자인데도 말이다. 도움에 대한 보상은 요청하지도 받지도 않았다. 그는 나머지 10퍼센트의 시간만으로 본인 몫의 생명 보험 판매 업무를 처리했다.

무려 90퍼센트의 시간을 남을 위해 사용하다니 너무 지나치다고 느껴질 법도 하다. 그럼 그의 실제 판매 기록을 살펴보자. 어떤 해에는 첫 3개월 동안 생명 보험을 300만 달러 넘게 계약했다. 대부분의 계약은 당사자가 자발적으로 초우트의 사무실까지 찾아와 보험 가입을 신청하면서 진행됐다. 그들은 초우트가 90퍼센트의 시간을 써 가며 도움을 건넨 바로 그 사람들이었다. 이때 달성한 실적은 평균 수준의 보험 판매원이 10년을 열성껏 일해도 도달할 수 없는 수치였다.

누군가에게 행복을 나눠 줄 때마다 그 행복을 건네받은 이는 당신에게 빚을 지는 셈이다. 빚은 언젠가 갚아야 하기 때문에 채무자보다는 채권자가 되는 것이 더 낫다.

초우트는 성공 철학을 다룬 내 책을 통해 행복 나누기의 원칙을 처음으로 알게 됐다. 그는 그 책 수백 권을 사인까지 해서 여기저기 나눠 주고는 했다. 이후

생명 보험에 가입하려는 사람들이 그 책 덕분에 초우
트를 떠올렸으며 자연스럽게 그를 찾아 새로운 고객
이 됐다. 그러니 초우트 본인의 사무실에서 대부분의
보험 계약이 이뤄지는 것이 당연했다.

물론 초우트가 오로지 생명 보험을 판매하고 싶다는
마음만으로 책에 사인까지 하며 선물한 것은 아니었
다. 그가 책을 나눠 준 사람 중에는 아무리 생각해도
생명 보험에 가입할 리가 없는 사람들 또한 있었기 때
문이다. 당시 그는 인생의 중대한 시기에 놓여 있었고
색다른 영감의 원천이 필요했다. 마침 내 책과 내 철
학을 만나 자신에 대해 깨달음을 얻었으며 내 책이 그
를 도운 것에 감사를 표하는 의미로 사람들에게 책을
나눠 줬다고 했다.

무언가를 받기만 하는 삶은 평생 지속할 수 없다. 그
리고 무언가를 받기만 해서는 마음의 평화와 경제적
성공을 얻지도 유지하지도 못한다. 이를 깨우친 사람
은 그리 많지 않으며 에드워드 초우트는 이를 깨우친
사람 중 한 명이었다.

역사 속 위대한 철학자들이 일찍이 깨달았듯이 초우

트도 부를 소유하는 방법이 부를 남에게 나누는 것뿐임을 깨달았다. 현재 당신이 누구든, 얼마나 부유하든 이 진리가 잘 전달돼 머릿속에 깊숙이 자리 잡는다면 이 이야기를 읽은 것이 아마도 인생에서 가장 중대한 전환점이 될 것이다.

지금 당장 도움이
필요한 사람을 찾아라

앤드루 카네기는 엄청난 액수의 재산과 그런 물질적 부를 얻을 수 있었던 노하우를 성공 철학으로 정리해 전 세계 사람들과 나누고 싶었다. 그래서 성공 철학을 정리하는 일을 내게 맡겼다. 덕분에 나는 40년 넘게 무언가를 나누는 인생을 살아왔다. 그러니 나도 나눔의 원칙을 실천하는 자에게 어떤 이득이 돌아오는지 알고 있다.

행복을 나누는 습관을 가지면 마음의 평화가 찾아올 뿐만 아니라 이익을 얻기에도 유리해진다. 랄프 왈도 에머슨이 말한 보상의 법칙(Law of Compensation)에 따라 한 사람이 다른 이에게 행하는 모든 것은 곧 자신에게 돌아오기 때문이다.

노사 관계가 좋지 않아 회사가 혼란스러운 상황일지라도 노사 양측이 모두 선의를 갖고 행복 나눔의 원칙을 실천하면 화합을 이끌어 낼 수 있다. 조지아주 토코아에 위치한 R. G. 르투르노 회사의 공장에 이 원칙을 소개했더니 결과적으로 회사의 다른 세 공장에 비해 생산 비용이 확연히 감소했으며 직원들의 불만 역시 완전히 해소됐다.

마음의 평화를 원하는가? 좋다. 그렇다면 지금 당장 주변 사람을 도와라. 도움이라는 것은 적당한 순간에 힘을 돋우는 몇 마디 말일 수도 있고 그보다 더 물질적인 무언가일 수도 있다. 어떤 도움이든 상관없다. 당신의 노력은 그보다 더 큰 마음의 평화로 즉각 돌아올 것이다.

02

모든 일을
원인과 결과로 분석하라

───── 인과 관계 ─────

아직 랄프 왈도 에머슨의 가르침을 받지 못했다면 지금이야말로 좋은 기회다. 보상에 관한 그의 에세이를 읽는 것으로 시작해 보자. 마음의 평화를 구하는 사람이라면 필독해야 한다.

에머슨의 에세이를 처음 읽으면 그리 많은 소득을 얻지 못할 수도 있다. 그러나 몇 차례 더 읽고 나면 당신이 통제할 수 없는 상황으로 초조해하는 것이 얼마나 소용없는 일인지 알게 될 것이다.

당신은 자연의 법칙이 영원히 변치 않는다는 사실 또한 깨달을 것이다. 그 누구도, 그 어떤 방식으로도 자연의 법칙을 피하거나 좌지우지할 수 없다. 목적이 무엇이든 자연의 법칙이 잠시 작용하지 않게 하는 것도 불가능하다.

하지만 자연의 법칙이 불변하기에 얻을 수 있는 이점이 하나 있다. 자연의 법칙에 적응하고 자연의 법칙과 조화를 이루며 움직임으로써 이 법칙을 무시할 때 반드시 찾아올 끔찍한 결과를 피할 수 있다는 점이다. 자연의 법칙이 당신 뜻대로 작용하도록 할 수는 없다. 하지만 마음의 평화를 찾고 있다면 자연의 법칙이 당신을 마음의 평화가 있는 쪽으로 움직여 달라고 할 수는 있다.

현자는 기회의 씨앗을 심는다

현시점에서 당신이 인지하면 좋은 사실이 있다. 마음의 평화를 얻고 계속 유지하고 싶다면 현자가 돼야 한다는 것이다. 현자란 '세상만사를 원인과 결과로 분석하는 사람'이다. 인간의 삶을 행복하게 혹은 불행하게 만들 수 있는 상황 역시 분석의 대상이다.

현자는 몸이 아프면 병의 원인과 병을 제거하는 가장 빠른 방법을 알고자 한다. 물질적인 부를 추구한다면 무엇이 부를 축적하는 결과를 낳는지 찾아서 활용한다. 불행이 닥친다면 재발을 막기 위해 불행의 원인을 찾는다. 만약 마음의 평화를 원한다면 마음의 평화로 가는 길을 열어 줄 요소들을 빠짐없이 찾아 자신의 것으로 받아들인다. 어쩌면 당신도 이 책을 읽음으로써 이 과정을 수행하고 있는지 모른다.

현자는 수많은 사람이 겪는 슬픔의 주요 원인을 대부분 피해 갈 수 있다. 꾸준히 다른 사람들의 실수를 관찰하면서 교훈을 얻어 자신은 그런 실수를 저지르지 않기 때문이다. 미래를 예측하고 싶을 때 현자는 밤하늘에 소원을 빌거나 수정 구슬을 들여다보는 짓은 하지 않는다. 역사가 곧잘 반복된다는 사실을 잘 알기에 오히려 과거를 세세하게 조사한다.

또한 현자는 세상의 모든 사악함, 그리고 우주를 운

영하는 자연의 총체적 계획을 방해하는 모든 것이 결국 시간이 지나면 사라진다는 사실을 안다.

사업상 거래를 할 때 현자는 상대방에게서 부당한 이익을 취하지 않는다. 천성적으로 정직해서 그렇다기보다는 부당한 이익이 초래할 결과가 두렵기 때문이다. 현자는 불공정한 거래로 얻을 수 있는 일시적인 이익보다 불공정한 거래로 인해 치러야 할 죗값이 훨씬 크다는 사실을 안다.

현자는 생각이 사물이라는 사실을 알고 있으며, 좋은 생각이든 나쁜 생각이든 자신이 발산한 생각이 모두 때가 되면 본질적으로 축복이나 저주로 돌아오리라는 것도 안다. 발산한 생각이 돌아올 때는 처음보다 상태가 훨씬 증폭돼 유사한 생각들까지 함께 데리고 온다는 점도 안다.

현자는 타인을 위해 행하는 모든 일이 결국 자신을 위한 일임을 안다. 그렇기에 현자는 자신의 행복을 다른 사람과 함께 나누며 마음의 평화로 가는 길을 열어나간다. 이렇게 다른 사람을 위한 행동 하나하나가 자신에게 도움이 될 기회의 씨앗을 심는 행동이라는 것을 잘 안다. 더불어 밤이 지나면 낮이 오듯 씨앗이 반드시 잘 성장해 풍성한 수확물로 이어지리라고 확신한다.

진정한 현자는 어떤 이유로든 결코 다른 사람을 비방하지 않는다. 다른 사람의 잘못에 정당한 분노를 표출하고자 할 때는 모든 이가 때때로 그러듯이 말로 그 감정을 표현하지 않는다. 현자는 물가의 모래 위에 자신의 감정을 글로 적은 뒤, 누군가가 보기 전에 그 글이 파도에 지워지기를 바란다.

진정한 현자는 절대 개혁가 역할을 맡지 않는다. 참된 개혁은 내면에서 자신만의 열망에 영감을 받아 일어나거나 자신의 실수로 인한 대가로 어쩔 수 없이 일어나야 한다는 사실을 알기 때문이다. 그리고 모든 사람이 깨달아야 하는 삶의 중요한 교훈 일부는 타인의 조언을 통해서가 아니라 자신의 실수로 비롯된 상처를 통해 얻는다는 사실 역시 안다. 과거로 돌아가 이 말이 당신에게도 적용되는지 확인해 보기를 바란다.

백 마디 조언보다 값진
한 번의 경험

나는 누군가를 고쳐야겠다는 생각이 들 때마다 그 생각을 최대한 빨리 떨친다. 대신 어릴 적 처음이자 마지막으로 주류 밀매 가게에 방문해 맥주 한 병을 1달러에 샀던 경험을 떠올린다.

나는 근처 술집과 마찬가지로 맥주 한 병이 10센트일 것이라고 생각했다. 주류 밀매 가게의 유해성을 지적하는 도덕적인 가르침보다 그때 지불한 1달러가 내게 더 도움 됐을 것이라는 사실을 이제는 안다. 당시 내 수중에서 1달러를 빼면 겨우 몇 센트만 남는 상황이었기 때문이다.

다시 말하지만 현자는 우리가 '살면서 배운다'는 사실을 안다. 진정 깊이 있는 현자라면 삶의 주된 목적이란 사람들이 각자의 경험과 타인의 경험을 관찰하면서 배울 수 있도록 기회를 주는 것이라고 믿을 것이다. 개혁을 위해 단호하게 가르친다고 한들 성과가 나는 경우는 거의 없다.

힘든 경험으로 배우는 교훈이 얼마나 가치 있는지

생각할 때면 아주 어린 시절에 겪었던 또 다른 경험이 떠오른다. 할아버지가 나를 데리고 버지니아주의 파월강을 따라 여행을 떠났을 때의 일이다. 할아버지는 건초 더미를 실어서 돌아오기 위해 마차를 이용했다. 집으로 돌아오는 길에 거드럭대는 전형적인 도시 젊은이 한 명이 마차에 올라타더니 이렇게 말했다.

"좀 태워 줘, 시골뜨기 양반."

할아버지는 대답하지 않았다. 우리가 할아버지 집에 도착해 곳간으로 향하자 젊은 청년이 물었다.

"이봐. 여기서 빅스톤갭까지 얼마나 더 가야 하지?"

할아버지가 대답했다.

"글쎄. 우리가 왔던 길로 다시 걸어 돌아가면 20마일 정도만 더 가면 될 걸세. 우리가 가던 방향대로 계속 가면 아마 2만 5,000마일은 더 가야 할 거고."

젊은이는 건초 더미에서 미끄러져 내려와 우리가 왔던 길을 되돌아 걷기 시작했다. 그 순간 그의 얼굴에 드러났던 표정은 절대 잊지 못할 것이다.

당시 나는 그가 마차에 올라탔을 때 왜 우리에게 아무것도 묻지 않았는지 의문이 들었다. 그 뒤로도 결코 그 이유를 알 수 없었다. 하지만 나는 그와 같은 실수를 반복하면 안 된다는 것을 배웠다.

03

내 것을 나누면
세상은 더 크게 보답한다

보상

지금까지의 내용을 통해 우리는 현자가 어떤 사람인지 이해할 수 있다. 이제는 내 다른 경험을 소개하며 보상의 법칙이 사람들의 일상생활에서 어떻게 작용하는지 이야기할 때다.

보상의 법칙이 영향을 끼치는 범위는 아주 넓다. 이 법칙은 시간이나 다른 방해에 구애받지 않는다. 한 사람의 삶을 둘러싼 환경은 물론이고 생각과 행동에 모두 적용된다. 보상의 법칙과 관련해 내가 비교적 최근에 겪은 일이 있으니 이를 통해 이 법칙이 얼마나 광범위하게 영향을 미치는지 함께 살펴보자.

보상의 법칙이 데려온 삶의 4가지 전환점

뜻밖의 사건들을 통해 값진 경험을 하고 나니 모든 물질적인 소유물을 버리고 경제적으로나 정신적으로나 나 자신을 쇄신해야겠다는 생각이 들었다. 다른 많은 이가 비슷한 경험을 했을 테니 나도 내 경험 자체가 아주 특별하지는 않다는 것을 인정한다. 하지만 지금부터 이 경험의 비범한 부분을 자세히 이야기하고자 한다. 이 이야기에는 내가 위대하고 절대적인 보상의 법칙을 어떻게 받아들였는지가 담겨 있다. 미리 말하자면 이 법칙 덕분에 내 모든 손실이 복리에 복리를 더해 이익으로 돌아왔다.

1. 친구를 도와 내 문제를 해결하다

이야기는 조지아주 애틀랜타 도심의 상업 지구에서

시작된다. 한때 사업 동료였던 마크 우딩을 찾아갔을 때였다.

당시 이 친구는 애틀랜타 상업 지구의 중심부에 커다란 카페테리아를 연 지 얼마 되지 않은 상태였다. 마크는 내게 카페테리아 사업이 심각한 난관에 봉착했다고 말했다. 애틀랜타 도심의 가게들이 이른 저녁이면 문을 닫는다는 사실을 간과해서 벌어진 문제였다. 그의 가게가 위치한 구역은 초저녁 이후로는 묘지나 다름없었다. 점심 영업은 더할 나위 없었지만 그보다 더 많은 수익을 내야 하는 저녁 영업에서 고전을 면치 못했다.

그가 이야기를 마칠 때쯤 나는 문제의 답을 얻었다. 손님에게 그저 맛있는 음식만 제공해서는 안 되고 도심의 상업 지구에서 저녁 식사를 해야만 하는 이유를 만들어 줘야 했다. 맛있는 음식이야 저녁에 영업하는 가게가 많은 다른 동네에서도 먹을 수 있고 집에서도 먹을 수 있을 테니 말이다.

마크는 사업이 잘 풀리지 않아 걱정이 많았다. 이 때문에 긴급한 문제를 안고 있는 사람들이 대개 그렇듯

이 해답을 찾을 수 있을 만큼 충분히 오랫동안 자유롭게 상상력을 발휘할 수가 없었다.

당시에는 나 또한 심각한 문제에 직면해 있었다. 하지만 오래전에 배운 교훈이 있었다. 거대한 문제의 해결책을 찾지 못할 때 최선의 방안은 자신보다 더 큰 문제를 가진 사람을 찾아 그가 해결책을 찾도록 돕는 것이다. 나는 마크 우딩의 이야기를 듣고 정확히 이 교훈을 활용했다.

그의 가게를 둘러보니 수백 명을 수용할 수 있을 만큼 식사 공간이 넓고 아름다웠다. 각종 장비 역시 최고급이었다. 새로 생긴 공간인데다가 대중교통을 이용할 수 있는 곳과 주차 시설이 모두 가까워 입지 조건이 매우 훌륭했다.

나는 상상력을 발휘해 금세 마크의 문제를 해결할 방안을 떠올렸다. 바로 성공 철학을 다루는 강좌를 개설해 저녁 시간대에 마크의 식당에서 수업을 하는 것이었다. 이곳에서 저녁 식사를 하는 사람이라면 누구나 무료로 수업을 들을 수 있게 할 계획이었다. 저녁 식사 계산서가 곧 수강권이 되는 셈이었다. 우리는 지역 신문을 통해 계획을 알렸다. 안내문을 인쇄해 주변 가게에 모조리 보내기도 했다.

첫날 저녁, 우리는 식당의 수용 인원보다 더 많은 사람을 돌려보내야 했다. 이후 거의 매일 저녁마다 자리가 가득 차는 바람에 수많은 손님이 헛걸음할 수밖에 없었다. 마크의 저녁 영업은 순식간에 그의 사업에서 핵심으로 거듭났다.

마크가 들인 비용은 얼마였을까? 광고에 사용한 돈이 전부였다. 나는 그에게 일절 돈을 받지 않고 강의를 했다. 친구는 도움의 손길이 필요했고 나는 친구에게 도움을 줄 준비가 돼 있었을 뿐이다. 명심하라. 이 이야기에서 중요한 지점이 바로 여기다.

친구가 문제를 해결하는 데 도움을 주면서 나 역시 내 문제의 해결책을 향해 잘 나아가고 있었다. 당시에는 분명한 효과가 눈에 보이지 않아 이 사실을 잘 몰랐지만 말이다. 보상의 법칙이 가진 광범위한 영향력이 얼마나 눈에 띄지 않게 조용히 작용하는지 살펴보자. 그리고 에머슨의 심오한 가르침을 명심하자.

"행동하라. 그럼 힘을 얻을 것이다."

나는 실제로 행동했다. 그것도 순전히 도움이 필요한 친구에게 힘을 보태고 싶다는 이타심만으로 행동했다. 결코 이렇게 해서 내가 얻는 것이 뭔지 묻지 않았다. 내 입장에서는 도움을 줄 만한 친구에게 그리 큰 고생 없이 도움을 줬다는 것만으로도 충분히 보상이 됐다. 그를 돕는 일이 즐거웠기 때문이었다. 나는 가장 좋아하는 일을 그저 좋아서 했던 셈이다.

그 시점에 내가 수정 구슬을 볼 줄 알았더라면 친구에게 주는 도움에서 인생을 통틀어 가장 중요한 전환점을 봤을 것이다. 그것이 무엇인지는 당신도 곧 알게 될 것이다. 내가 친구를 도우며 무엇을 얻을 수 있었을까? 그 보상은 지금도 내게 주어지고 있기 때문에 자초지종은 오직 시간만이 말해 줄 수 있을 것이다.

마크와의 일이 있기 전까지는 운명의 손길이 한동안 나를 외면했지만 마크를 도우면서 운명의 손길이 다시 움직이기 시작했다. 그리고 내 희망의 별이 다시 한 번 떠오르고 있었다. 나는 친구가 문제를 해결하도록 도움으로써 내 문제를 해결했다. 이 대목의 요점이 지금 당신에게 전해진다면 이 글이 분명 당신 인생에서 가장 중요한 전환점이 될 것이라고 해도 무리가 아닐 것이다.

명심하라. 나는 친구가 문제를 해결하도록 도움으로써 내 문제를 해결했다! 이 문장을 계속해서 되뇌기 바란다. 그리고 남을 도울 기회가 찾아오면 처음부터 곧장 행동하라. 아무런 기회가 찾아오지 않는다면 기회를 직접 만들면 된다. 그럼 마음의 평화로 향하는 머나먼 길에 진입할 수 있다. 마음의 평화라는 궁극의 비밀에 매우 가까이 다가가는 것이다.

2. 인생 최악의 고통을 더 큰 가치로 전환하다

우딩의 식당에서 진행한 성공 철학 강의에는 아주 다양한 사람이 참석했다. 그중에는 애틀랜타주 중심부에서 사업을 하는 고위 인사들도 있었다. 조지아주 전력 회사의 한 임원이 강의에 너무나 감명을 받은 나머지 남부 지역 전력 회사 몇몇의 중진들로 이뤄진 비공개 모임에 나를 연사로 초대하기도 했다.

그 모임에서 내 운명을 송두리째 바꿀 극적인 사건 두 번째가 모습을 드러냈다. 전력 회사 중진들 앞에서 연설을 마치고 나자 사우스캐롤라이나주 전력 회사의 임원 호머 페이스가 다가와 자신을 소개했다. 수년간 내 철학 수업을 듣고 공부해 왔다고 이야기했다. 그가 말했다.

"선생님이 만나 주셨으면 하는 친구가 있습니다. 조그마한 대학교의 총장이자 커다란 인쇄 공장을 소유하고 있는 친구예요. 말하는 것들이 선생님과 너무 비슷해서 이 친구도 선생님의 수업을 듣고 공부했나 싶을 정도입니다. 두 사람이 같이 일을 해 보면 좋겠다는 생각이 듭니다. 그에게 편지를 써 보심이 어떨런지요?"

나는 제안을 받아들였다. 호머 페이스와 나눴던 대화를 간단히 적어 대학교 총장이자 출판사를 운영한다는 자에게 편지를 보냈다. 그는 편지로 답장하지 않고 바로 애틀랜타를 방문해 나를 찾았다. 우리는 몇 시간 동안 대화를 나눴고 구두 합의로 만남을 마무리

했다. 그의 고향으로 가서 내 후원자인 앤드루 카네기와 개인적인 대화를 나누며 만들었던 성공 철학 노트 전체를 즉시 다시 쓰기로 한 것이었다.

1941년 1월 1일, 나는 그의 고향으로 거처를 옮겨 《자기 마음의 주인이 되는 법(Andrew Carnegie's Mental Dynamite)》이라는 제목으로 17권의 책을 쓰기 시작했다. 보이지 않는 어떤 형체가 어깨 너머로 조용히 집필 작업을 지켜보며 내가 적는 단어 하나하나로 내 운명을 바꾸고 있었다는 사실을 인지하지도 못한 채 말이다.

사전에 아무것도 작업해 놓은 것이 없었기 때문에 11개월 동안 쉼 없이 원고를 작성했다. 내 인생 최악의 경험이라고 할 만한 이혼의 슬픔과 충격을 말 그대로 정신적 다이너마이트로 전환하는 작업이었다. 이렇게 성공 철학을 다시 쓰고 설명하는 일이 얼마나 지대한 영향력을 갖게 될지 그때는 잘 몰랐다.

나는 강의에서 자주 언급했던 삶의 진리를 무의식적으로 경험하고 있었다. 바로 '삶은 당신에게서 무언가를 빼앗으면 그와 동등하거나 더 높은 가치의 대가로 보답한다'는 진리였다. 난 실패한 결혼이 남긴 상처로 여전히 고통받고 있었기에 이 진리가 내 인생의 방향을 바꿀 정도로 가치 있다는 사실을 깨닫지 못했다.

새로운 원고 작업은 곧 다른 사람을 돕는 일이었다. 이 일에 몰두하니 금세 내 마음속의 혼란을 씻어 낼 수 있었으며 그동안 전혀 알지 못했던 마음의 평화로 향하는 길을 활짝 열 수 있었다.

3. 내 생애 두 번째로 위대한 여성을 만나다

한편 나도 모르는 새에 훨씬 더 큰 보상이 내 인생에 다가오고 있었다. 이 이야기는 친구 우딩에게 아무런 대가 없이 도움을 주면서 시작됐고 내 인생의 방향을 확실히 바꿨다.

이야기를 시작하기에 앞서 그동안 내 인생이 언제나 일로 가득했다는 점에 주목하기 바란다. 나는 로맨스를 바라지 않았다. 그래서 다른 누군가와 재혼하는 일은 있을 수 없다고 생각했다. '진인사대천명'이라는 훌륭한 옛말이 떠오른다.

만약 그 출판업자가 이 이야기의 결말을 예견할 수

있었다면 나를 사업 파트너로 삼고 자신의 고향으로 데려오는 일은 없었을 듯하다. 당신도 그 이유를 곧 알게 될 것이다.

이제 보상의 법칙이 가져다준 또 다른 보상을 언급할 때가 됐다. 내게 너무나 필요하고 적절한 보상이었기에 그간의 좌절을 겪으며 생긴 인생의 공허함이 전부 채워졌다.

집필 작업을 위해 사우스캐롤라이나주의 작은 도시 클린턴으로 이사하면서 나는 출판업자의 개인 비서가 사는 집에 방을 얻어 살게 됐다. 이사하고 처음 몇 달 동안은 그녀를 사무실에서만 볼 수 있었다. 그녀를 통해 처리할 업무가 많았기에 우리는 하루에도 몇 번이고 사무실에서 마주쳤다.

그녀는 이 출판사 가문의 두 세대와 함께했을 정도로 근속했으며 책임이 막중한 위치에 있었다. 이런 상황에 그녀 역시 제법 만족하고 있었다. 확신컨대 그녀가 나와 업무를 하면서 결혼을 떠올렸을 리는 없다. 꽤 어린 시절에 아버지를 여의는 바람에 가장 역할을 떠맡아 어린 여동생들의 교육을 책임져야 했기 때문이다. 가족을 부양해야 한다는 책임감과 회사에서의 지위를 유지해야 한다는 책임감 사이에서 누군가와 결혼하겠다고 진지하게 고려할 틈은 없었다.

그러나 몇 달 뒤부터 우리의 관계가 차츰 변하기 시작했다. 내가 가끔씩 그녀를 초대해 일은 적당히 마치도록 하고 같이 저녁을 먹거나 인근으로 쇼를 보러 다녔기 때문이다. 업무상의 품위를 벗어던지고 가족에 대한 책임에서 자유로워지면 그녀는 꽤 유쾌한 사람이었다.

실은 얼마 뒤 그녀가 외양으로나 성격으로나 내 인생에서 가장 위대한 여성을 완벽히 닮았다는 사실을 깨달았다. 바로 새어머니였다. 그때부터 우리의 관계가 급속도로 진전됐다. 그녀와 함께하는 자동차 여행이 점점 잦아졌다. 일요일 아침마다 우리는 시골길을 드라이브하며 몰몬 태버내클 합창단의 라디오 방송을 들었다.

4. 성공 철학의 타당성을 입증하다

그리고 역사적인 1941년 12월 7일이 왔다. 일본군이 진주만을 공격한 바로 그날이었다. 출판사 역시 큰 타격을 입어 나와의 비즈니스를 갑작스럽게 끝내고 말았다. 나는 조지아주의 르투르노 회사에서 중요한 업무를 맡기 위해 사우스캐롤라이나주를 떠났다. 르투르노 회사에서 나는 고용주와 직원 사이에 조화로운 관계를 구축하는 사람으로서 내 철학의 타당성을 입증할 일생일대의 기회를 마주했다.

약 2년 동안 2,000명에 달하는 그곳의 직원과 행복을 나누는 더없이 좋은 기회를 누렸다. 나는 르투르노 공장에서 모든 권한을 쥐고 있었으며 나 자신을 제외하면 보고해야 하는 사람도 없었다. 겸손한 마음으로 솔직하게 말하건대, 내가 영향력을 발휘한 덕분에 최고 경영진을 비롯해 르투르노 공장에서 일하던 모든 사람이 더 좋은 사람이 됐다.

이렇게 다른 사람들을 도우면서 나는 새로운 움직임을 위한 토대를 마련했다. 여기서 말하는 '움직임'이란 내 철학이 르투르노 회사와 직원들에게 도움을 줬듯 다른 모든 산업에 영향력을 행사할 수 있도록 길을 닦는 것이었다. 그래서 결정된 다음 목적지는 영화 제작의 중심지인 로스앤젤레스였다.

서부 해안으로 떠나기 전날, 나는 클린턴에 남아 있던 그녀를 아내이자 비서 그리고 사업 파트너 자격으로 내 마스터 마인드 그룹의 종신 회원으로 등록했다. 그녀와 동반자가 된 지는 이제 14년째를 맞이하고 있다. 덕분에 내게 찾아오리라고 생각지도 못했던 인류에 봉사할 수 있는 기회가 앞으로도 계속 찾아올 것 같다.

내가 진주만 공습 직후 사우스캐롤라이나주를 떠났을 때, 출판업자는 내가 조지아주에서 돌아와 그에게 매우 소중한 것을 가져가리라고는 생각조차 못했을 것이다. 게다가 아이러니하게도 그는 내 결혼식을 돕기까지 했다.

나중에 사우스캐롤라이나주를 방문했을 때 우리는 출판업자의 마지막 모습을 볼 수 있었다. 그는 커다란 꽃 더미 사이의 관 속에 누워 있었다. 그의 영면을 보면서 나와 아내의 운명을 모두 바꾼 그의 영향에 대해 감사의 기도를 올릴 수밖에 없었다. 우리는 힘을 모아 마음의 평화를 찾아냈고 과거의 모든 상처를 충분히 보상받았기 때문이었다. 지금 우리는 봉사에 전념하고 있으며 다른 사람들도 마음의 평화를 찾을 수 있도록 돕고 있다.

04

보상은 천천히
지속적으로 이뤄진다

결과

보상의 법칙은 광범위하게 영향을 미친다. 앞서 소개한 네 편의 극적인 사건만 해도 애틀랜타에 있는 우딩의 식당에서부터 조지아주를 거쳐 로스앤젤레스까지 이어진다. 보상의 법칙은 아직 밝혀지지 않은 운명을 향해 나를 한 걸음 한 걸음 이끌고 있다. 그렇게 도착한 곳에서 더 큰 기회를 만나 많은 이가 물질적인 성공은 물론이고 마음의 평화를 찾도록 돕고 싶다.

나를 기회로 이끄는
조용하고 보이지 않는 힘

　나는 보상의 법칙이 보통 어떻게 작용하는지 알려주기 위해 내가 겪은 일의 핵심을 상세히 이야기했다. 내 경험으로 알 수 있듯이 보상의 법칙은 원인에서 시작돼 곧장 결과를 내는 것이 아니라 점진적인 방법을 이용한다. 한 번에 한 단계씩 진행하며 경로도 자주 바꾼다.

　좌절감을 회복하기에 적합한 장소를 찾을 때, 내가 아는 미국의 모든 장소 중에서 사우스캐롤라이나주의 그 작은 도시를 자발적으로 선택할 가능성은 아마 없을 것이다. 하지만 어떤 보이지 않는 힘이 조용히 나를 그곳으로 이끌었다. 그곳에서 나는 성공 철학을 다룬 내 작업물 중에서 손에 꼽을 정도로 유익한 작품을 완성할 수 있었다. 게다가 내 삶에서 가장 커다란 축복을 안겨 준 것도 바로 이 보이지 않는 힘이었다. 내가 과업을 완수하자 이 힘은 다시 나를 조용히 들어올리더니 더 크고 밝은 기회로 인도했다.

　내게는 유사한 경험이 많다. 내가 내린 결론은 조용

하고 보이지 않는 여러 힘이 우리 모두에게 지속적으로 영향을 끼치고 있다는 것이었다. 어떤 힘은 긍정적으로 작용하지만 어떤 힘은 부정적으로 작용한다. 어떤 힘은 우리에게 도움을 주지만 어떤 힘은 굉장히 유해하다. 이 글의 목적은 여러 해로운 힘 사이에서 이로운 힘을 잘 판별해 내 편으로 만드는 방법을 알려주는 데 있다.

개인적인 경험만을 근거로 삼는다며 누군가 나를 비판할 수도 있다는 사실을 잘 알고 있다. 하지만 그런 비판을 받는다고 한들 나는 아무렇지도 않다. 오히려 잡지 〈레이디스 홈 저널(Ladie's Home Journal)〉의 전 편집장이자 작고한 친구 에드워드 보크가 자주 쓰던 기법을 활용한면 더 문제가 될 것이다. 그는 논란이 많은 주제에 관해 의견을 전하고 싶을 때마다 가명을 빌려 자신에게 편지를 쓴 뒤 그에 대한 답장을 잡지 칼럼으로 게재하고는 했다.

제2차 세계 대전이 끝난 직후에 나는 《I Write As I Please(나는 내 마음대로 쓴다)》라는 책을 봤다. 제목이 아주 마음에 들었다. 물론 제목에서 한 말이 진실이라는 가정하에 말이다. 모두가 갈망하는 개인의 자유에 기반해 과감하게 자신이 원하는 대로 글을 쓰는 사람이라면 이미 마음의 평화를 향해 상당히 가까이 다가갔을 것이기 때문이다.

내 생각에 어떤 주제를 다루든 출판을 목적으로 작성된 글은 대체로 독자의 입맛을 고려하는 듯하다. 저자가 바라본 진실을 표현하기보다는 독자에게 이미 확립돼 있는 편견과 신념에 영합해 버리는 것이다. 한때 내 글이 출판되기 전이면 훌륭한 비평가 집단에서 내가 쓴 문장들을 하나하나 검토하기도 했다. 그러나 이런 시간은 다 지나갔고 지금은 '내 마음대로' 글을 쓴 뒤 결과를 있는 그대로 받아들인다.

05

재화를 축적해
성공한다는 생각은 버려라

균형

이제 랄프 왈도 에머슨이 쓴 보상에 관한 에세이를
통해 그를 잠시 만나 볼 차례다. 이 과정에서 우리는
자연의 법칙을 더 잘 이해하게 돼 마음의 평화로 향하
는 데 중요한 진리를 깨달을 수 있다.

모든 행동은 그 행동에 대한 보상을 수반한다. 바꿔 말하
면 모든 행동은 이중의 방식으로 통합된다. 첫째는 사물
이나 진정한 본질에 통합되는 것이며, 둘째는 상황이나

외견상의 본질에 통합되는 것이다. 사람들은 주변의 상황을 응보로 여긴다. 인과에 의한 응보는 사물 안에 존재하며 영혼을 통해 볼 수 있다.

상황 속에 존재하는 응보는 이해와 지성을 통해 볼 수 있다. 상황 속의 응보는 사물과 불가분의 관계에 있지만 보통 오랜 기간에 걸쳐 퍼지기 때문에 여러 해가 지나고 나서야 눈에 띈다. 범죄를 저지른 지 오래 지나서야 뒤늦게 구체적인 처벌이 이뤄지는 경우도 있다. 하지만 처벌은 범죄와 언제나 함께이기에 범죄 뒤에는 처벌이 따른다.

죄와 벌은 한 줄기에서 자란다. 벌은 쾌락의 꽃에 숨어 예상치 못하게 무르익는 열매다. 원인과 결과, 수단과 목적, 씨앗과 열매는 서로 떼어 놓을 수 없다. 결과는 원인 속에서 이미 꽃을 피우며 목적은 수단 속에, 열매는 씨앗 속에 이미 존재하기 때문이다.

에머슨이 사용한 추상적인 표현을 정리해 구체적인 언어로 다시 쓴다면, 애틀랜타에서 우딩과 함께 시작된 내 인생 이야기 네 편 모두를 완벽히 분석할 수 있을 것이다. 내 이야기들의 원인은 도움이 필요한 친구를 도와준 간단한 행동이었다. 네 번에 걸쳐 원인으로부터 결과가 이어졌고 나는 마음의 평화를 이끌어 내는 모든 토대 위에 단단히 서게 됐다.

다음 단락에서 에머슨은 나도 앞서 언급한 조용하고 보이지 않는 힘에 대해 언급한다.

사람들은 누군가가 자신을 속일지도 모른다는 어리석은 미신에 평생 고통받는다. 하지만 사물이 존재하는 동시에 존재하지 않을 수 없듯이, 인간이 자신을 제외한 다른 사람에게 속는 일은 불가능하다. 우리의 모든 거래에는 조용한 제삼자가 존재한다. 사물의 본질과 영혼은 모든 계약이 이행될 것임을 보증하기 때문에 정직하게 제 할 일을 하면 절대 손해를 입지 않는다. 당신의 윗사람이 감사할 줄 모르는 사람이라면 그를 위해 더욱 열심히 일해야 한다. 신이 당신에게 빚을 지게 하라. 모든 노력은 상환되는 법이다. 상환은 늦으면 늦을수록 오히려 더 좋다. 신은 복리에 복리를 더해 빚을 갚기 때문이다.

그리고 다음 단락에서 에머슨은 어떤 역경이든 그와

동등한 이익의 씨앗을 가져다준다는 사실을 모르는 사람들에게 격려의 메시지를 전한다.

우리의 성공을 빈번히 깨부수는 변화는 성장이 곧 자연의 법칙임을 잘 알려 준다. 세상의 모든 영혼은 본질적으로 주변의 사물, 친구, 집, 법칙, 믿음으로 형성된 커다란 체계를 떠날 수밖에 없다. 조개가 성장하면 할수록 기존의 껍데기로는 감당할 수 없어 아름답고 단단한 껍데기에서 기어 나와 천천히 새로운 집을 짓듯이 말이다….

하지만 큰 불행 뒤에 따르는 보상 역시 오랜 시간이 지난 후에야 지성의 눈에 보인다. 열병에 걸리거나, 신체가 훼손되거나, 깊이 실망하거나, 재산을 잃거나, 친구를 잃으면 당시에는 그 상실을 결코 보상받지 못하리라는 생각이 든다. 그러나 시간이 지나면 모든 진실의 바탕에 존재하는 깊은 치유력이 반드시 모습을 드러낸다.

사랑하는 친구, 아내, 형제, 애인의 죽음은 그저 상실로만 보이기 마련이지만 후에는 좋은 영향을 주거나 안내자가 된다. 이런 아픔은 대개 우리 삶의 방식에 혁명을 일으키기 때문이다. 즉 끝나기만을 기다리던 유년기나 청년기를 종결하고 기존의 익숙한 일, 가정, 생활 양식을 깨뜨려 인격이 성장할 만한 새로운 삶의 방식을 형성한다. 그리고 우리가 새로운 지식을 구성하고 향후 수년간 가장 중요할 새 영향력을 수용하도록 도움을 주거나 강력하게 압박한다. 양지바른 정원의 꽃으로 남았더라면 뿌리 내릴 공간도 없이 땡볕 아래에서 고생했을 자들도 벽에서 떨어지고 정원사의 무관심을 겪으며 결국 숲속의 뱅골보리수가 돼 주변에 널찍한 그늘을 만들어 주고 열매를 제공하게 된다.

내가 태어나기 훨씬 전에 쓰였음에도 마치 나를 위해 직접 쓴 단락처럼 느껴진다. 그가 묘사한 철학이 내 경험에 완벽히 들어맞기 때문이다. 그리고 내 경험은 에머슨의 철학이 타당하다는 것을 입증했다.

잃으면 얻고
얻으면 잃는 원리

다음 단락에서는 에머슨이 두려움을 어떻게 바라보

는지 표현돼 있다. 몇 년 전 나는 그의 관점을 접하고 나서 스스로 내 마음을 쇄신해 온갖 형태의 두려움이 자라나던 구석을 모두 제거했다.

두려움은 위대한 지혜를 가르치는 스승이며 혁명을 알리는 존재다. 두려움이 항상 가르쳐 주는 1가지 사실은 바로 두려움이 나타나는 곳에 부패가 있다는 것이다. 두려움은 까마귀다. 무엇의 주위를 맴돌고 있는지 우리 눈에 잘 보이지 않아도 어딘가에 죽음이 존재할 것이다. 우리의 재산, 우리의 법률, 우리의 교양 있는 계급은 모두 겁이 많은 존재다. 오랜 시간에 걸쳐 두려움은 경고를 던졌고 알 수 없는 소리를 내며 지배력과 재산을 깎아내렸다. 이 불쾌한 새는 아무 이유 없이 그곳에 있는 것이 아니다. 개선해야 할 거대한 과오를 가리키고 있는 것이다.

나보다 더 운이 좋아 보이는 사람들을 부러워하는 기질이 내게 있었을지도 모른다. 하지만 보상에 관한 에머슨의 에세이에서 다음 단락을 읽으니 그런 기질이 모두 사라졌다.

과잉은 반드시 결핍을 낳고 결핍은 반드시 과잉을 초래
한다. 달콤함에는 언제나 씁쓸함이 존재하며 죄악에는 언
제나 미덕이 존재한다. 쾌락을 일으키는 능력을 남용하면
그에 상응하는 대가를 치른다. 더 오랫동안 능력을 발휘
하려면 능력을 자제하며 사용해야 한다.

한 톨의 지혜에는 어리석음도 한 톨 존재한다. 무엇이든
잃고 나면 다른 무언가를 얻게 되며, 무엇이든 얻으면 다
른 무언가를 잃게 된다. 재물이 늘어나면 이를 소비하는
자도 늘어난다. 채집민이 너무 많은 것을 캐면 자연은 그
의 가슴속에 넣어 준 것을 도로 꺼내 간다. 재산을 불려 주
지만 그의 목숨을 앗아 가는 것이다.

자연은 독점과 예외를 지독히 싫어한다. 세상의 여러 상
황은 바다의 파도가 높이 솟구쳤다가 가라앉듯 스스로 빠
르게 균형을 찾으려고 한다. 균형을 맞추는 상황은 항상
존재하며 교만한 사람, 권력이 강한 사람, 선량한 사람, 운
이 좋은 사람 모두를 다른 이들과 동등하게 만든다.

이 단락 덕분에 나는 재화를 축적해 성공하리라는
잘못된 생각에서 벗어나 성공으로 향하는 더 쉽고 확

실한 방법을 따르기 시작했다. 그 방법은 다른 사람에게 유용한 도움을 제공해 은혜를 베풀되, 신세 진 이가 자발적으로 보답하지 않는 한 보상을 요구하거나 기대하지 않는 것이다. 이 방법으로 나는 마음의 평화에 이르는 길에 들어설 수 있었다.

나는 내 실제 경험을 통해 보상의 법칙에 대한 에머슨의 견해를 시험했고 그의 생각이 불변의 진리에 근거한다는 사실을 알게 됐다. 그의 철학에 기반해 당신의 경험을 평가하지 않고서는 그의 철학에서 최대한의 이득을 취할 수 없을 것이다. 그리고 내가 에머슨의 작품을 처음 읽었을 때보다 훨씬 더 예리한 마음을 당신이 갖고 있지 않다면 에머슨의 가르침이 그저 삶의 도덕률에 대한 추상적인 설교에 불과하다고 여길지도 모르겠다.

에머슨의 에세이를 공부하면 당신은 새로운 방식으로 사고하기 시작할 것이다. 그렇게 해야만 그의 글을 이해할 수 있다. 마음의 평화를 최대한으로 누리기 전에 먼저 스스로 생각하는 방법을 배워야 한다. 남이 입던 옷은 얼마든지 입을 수 있으며 남이 타던 차 역시 얼마든지 탈 수 있다. 하지만 남이 하던 생각은 가치가 없거나 위험하기 그지없다.

에머슨은 이렇게 말했다.

위대한 신께서 이 세상에 사상가를 자유롭게 풀어 주실 때를 조심하라. 그때는 모든 것이 위험에 빠진다. 마치 대도시에 큰불이 발생해 무엇이 안전하고 언제 끝이 나는지 아무도 모르는 것과 같다. 생각에 과학적인 면을 전혀 찾을 수 없으며 그마저도 매일같이 번복되고는 한다. 문학계에서 명성을 떨치며 소위 불멸의 존재로 여겨지는 자들도 비난과 손가락질을 피할 수 없다. 인간의 희망과 생각, 국가의 종교, 나아가 인류의 예절과 도덕이 어떻게 될지는 새로운 일반화에 달려 있다.

그렇다. 스스로 생각하는 사람은 문명의 흐름을 결정한다. 이 진리는 지금껏 유효했으며 앞으로도 유효할 것이다. 오직 스스로 생각하는 법을 배운 사람만이 자유로울 수 있다.

에머슨의 글을 수없이 읽은 뒤에도 나는 여전히 그가 명백히 드러낸 진리 그 이상에 목말랐다. 나는 이 갈증을 동기 삼아 자연의 가장 위대한 법칙이자 다른 모든 자연 법칙을 조절하는 법칙을 발견했다. 그리고 이 법칙을 '우주적 습관의 힘 법칙(Law of Cosmic Habitforce)'이라고 명명했다. 이 법칙은 에머슨이 보상에 관한 에세이에서 이야기한 모든 것은 물론이고 그가 미처 알아내지 못한 것까지 망라한다. 내가 에머슨이 발견하지 못한 무언가를 찾아 헤매게 된 것은 그의 에세이 덕분이었으며 결국 그 무언가를 찾아내는 데 성공했다.

06

마음을 통제해
신념을 밀어붙여라

―――――――――― **신념** ――――――――――

인류에게 알려진 가장 심오한 진리는 창조주가 인간에게 스스로의 마음을 통제할 수 있는 완전하고 절대적인 권리를 줬다는 것이다. 우리는 좋은 쪽으로든 나쁜 쪽으로든, 성공으로든 실패로든, 원하는 목표를 향해 마음을 움직일 수 있다.

인간이 마음대로 할 수 있는 유일한 일은 바로 마음에 대한 이 권리를 행사할지 말지 결정하는 것이다. 마음에 대한 권리를 행사하는 간단한 과정을 거치면 어떤 분야에서 어떤 노력을 쏟아붓든지 위대한 성취를 이룰 수 있다. 이 권리의 행사 여부가 성공한 사람과 실패한 사람의 중대한 차이를 만들며 마음의 평화를 추구하는 자라면 반드시 이 권리를 행사해야 한다. 마음을 완전한 통제하에 두지 않으면 그 마음에 평화는 존재할 수 없다.

마음의 권리를 행사해 목표를 이룬 사람들

마음을 통제하면 정식으로 교육받지 않아도 어느 분야에서든 큰 성공을 거둘 수 있다. 토머스 에디슨의 성공이 이를 증명한다. 에디슨은 자신의 마음을 통제해 정식으로 교육받은 사람들의 업무를 지도했으며 결국 세상에서 가장 위대한 발명가가 됐다.

헨리 포드는 미국의 가장 위대한 기업가가 됐고 자신이 필요로 했던 수준 이상으로 막대한 부를 거머쥐었다. 그의 성공은 뛰어난 능력이나 두뇌에서 비롯된 것이 아니었다. 단지 마음을 통제해 자신이 세운 명확한 목표로 향하게 했을 뿐이었다. 그는 마음에 확고한 목표를 가득 채워 실패, 패배, 낙담을 떠올릴 시간조차 없게 만들었다. 정식 교육을 거의 받지 못하고 무자비한 세상의 조롱과 반대에 부딪혔음에도 포드는 인생의 중대하고 명확한 목표를 설정해 냈다.

헨리 포드와 토머스 에디슨 두 사람의 통제된 마음은 엄청난 부를 창출했을 뿐만 아니라 수백만 개의 일자리를 만들었다. 이들의 업적은 세상의 날카로운 지성인들에게 큰 충격이었다. 그리고 어쩌면 문명을 보다 질서 정연하고 효율적으로 바꾼 기폭제였을지도 모른다.

과연 에디슨과 포드가 마음의 평화에 이르렀을까? 두 사람 외에 그 누구도 이 질문에 정확히 대답할 수 없을 테지만, 알려진 바에 따르면 그들은 원하는 것을 거의 모두 얻었으며 그들이 인식하는 현실에 불가능이란 없었다. 만약 두 사람이 마음의 평화를 찾지 못했다면 애초에 마음의 평화를 좇지 않았기 때문일 것이다.

'라이트 형제'로 잘 알려진 오빌과 윌버는 자신만의

인생을 사는 방법을 알고 있었다. 형제는 마음에 대한 통제권을 행사했고 그 결과 최초의 비행기가 탄생했다. 이들의 선구적인 발명 덕분에 세계 곳곳으로 훨씬 빠르게 이동할 수 있고 전 세계인이 전보다 더 가까워졌다. 결국에는 모든 사람이 평화롭게 공존하는 방법을 배웠을지도 모른다.

라이트 형제도 포드, 에디슨과 마찬가지로 세상의 조롱에 맞서 명확한 목표를 달성하고자 노력을 기울였다. 여기서 주목할 만한 사실이 있다. 자신의 마음을 완전히 손아귀에 넣은 사람은 신념을 밀어붙일 능력을 반드시 갖고 있는 반면, 별다른 목적 없이 마음이 멋대로 움직이게 두는 사람은 언제나 불신으로 가득 차 있다는 것이다.

신념을 고수할 것인가 편견에 휘둘릴 것인가

40여 년 전 앤드루 카네기가 내게 건넨 아이디어는 지금까지 문명 세계의 3분의 2에 속하는 수백만 명의 사람에게 다양한 형태의 부를 가져다줬다. 그가 건넨 아이디어는 내가 마음을 통제할 수 있으며 내 마음이 성공 철학을 정리하는 일로 향하도록 만들 수 있다는 것이었다. 성공 철학을 집대성하면 카네기 같은 이들이 시행착오를 거치며 터득한 성공의 노하우를 길거리의 사람들도 온전히 누릴 수 있을 터였다.

당시 나는 그런 어마어마한 과업을 수행할 준비가 되지 않았다. '철학'의 뜻조차 잘 몰랐다. 하지만 내게는 아주 귀중한 자산이 하나 있었으니 바로 신념을 고수하는 능력이었다. 이 능력을 발휘함으로써 미국에서 크게 성공한 600명 이상의 인물과 합작해 개인의 성공에 관한 최초의 실용적인 철학을 세상에 선보일 수 있었다. 게다가 주변에서도 이 환상적인 일에 매진하는 나를 더 이상 몰아세우지 않았다. 비록 처음에는 가까운 친척을 비롯해 많은 사람이 원래 하던 일이나 하라며 조롱하고 비웃었지만 말이다.

그렇게 20년을 아무런 보수도 받지 않으면서 연구를 계속했다. 마지막에 이르러 앤드루 카네기가 남긴 봉인된 메시지를 열어 봤는데 내용을 확인하고서야 내게 주어진 임무가 바로 개인의 성공에 관한 철학을 연구하는 것이었음을 깨달았다. 200명이 넘는 경쟁자를 제치고 내가 발탁된 이유는 하나였다. 나는 천부적으로 내 마음을 통제할 수 있는 사람이며 아무리 반대에 부딪혀도 주어진 목표를 향해 나아갈 수 있는 사람이었다. 정식 교육을 제대로 받지 못했다는 사실은 걸림돌로 여겨지지 않았다.

자신의 마음을 어떻게 다룰 수 있는지 배우고 익히는 습관에는 강력한 힘이 있다. 내가 이 습관의 힘을 믿게 된 과정을 알려 주고 싶어 개인적인 경험을 이야기했다.

마담 슈만하잉크는 아주 어린 시절부터 가수가 되기를 꿈꿨다. 그녀의 부모님은 굉장히 유명한 음악 선생을 찾아 딸의 재능을 테스트했다. 선생의 대답은 이랬다.

"재봉 일을 계속 하려무나. 넌 바느질을 배울 수는 있어도 절대 노래하는 법을 배울 수는 없을 거야."

이 조언은 슈만하잉크 인생에서 가장 큰 축복이었을 것이다. 그녀는 오히려 조언에 자극받아 자신의 마음을 잘 다스려 원하는 바를 이루겠다고 단단히 결심했다. 한 번의 수업 덕분에 그녀는 자신만의 인생을 사는 방법을 깨달았으며 결과적으로 염원하던 것을 확실히 손에 넣었다. 훌륭한 오페라 디바가 된 것이다.

헬렌 켈러는 마음을 통제하는 일의 가치를 아주 잘 가르쳐 주는 인물이었다. 그녀는 인간의 오감에서 가장 중요한 시각과 청각을 잃었다. 하지만 남아 있는 감각과 능력을 다스릴 줄 알았으며 마음의 힘을 사용하는 데 한계가 있다면 그것은 자신이 스스로 설정한 것이거나 남이 설정하게 내버려 둔 것임을 온 세상에 증명했다.

07

원하는 것에 마음을 집중하라

---------- **목표** ----------

명확한 목표는 인간이 이룬 모든 역사적인 업적의 출발점이라고 할 수 있다. 또한 마음의 평화를 얻는 데 필수적인 요소이기도 하다. 마음의 평화를 추구한 다면 무릇 마음의 평화에 이르겠다는 결의를 품은 채 계획과 목표 역시 갖고 있어야 하기 때문이다.

미국의 32대 대통령 프랭클린 루스벨트는 첫 임기 후반부에 헨리 포드를 백악관으로 초청했다. 이 소식 은 신문 기자들에게 아주 흥미로운 이슈였다. 당시 미국 국가부흥청의 수장이었던 휴 존슨 예비역 장군이 국가부흥청의 규제를 따르지 않는 헨리 포드에게 "단호한 조치를 취하겠다"라며 엄포를 놓은 일이 있었기 때문이다.

포드가 백악관 밖으로 나오자 신문 기자들이 그에게 덤벼들었다. 대통령과 무슨 이야기를 나눴는지, 어떤 이유로 백악관을 방문했는지를 물었다. 그는 평소처럼 간결하게 대답했다.

"여러분. 제가 워싱턴에 온 이유를 사실대로 말씀드리자면, 아무것도 원하지 않고 대통령의 호의 또한 바라지 않는 사람을 대통령께 보여 드리기 위해서였습니다."

그렇게 인터뷰가 종료됐다. 포드는 이미 마음의 평화를 찾은 사람처럼 보였으며 그런 그를 아마 모든 신문 기자가 부러워했을 것이다. 당시 온 나라가 최악의 경기 침체로 고통받았고 그만큼 걱정거리가 마음의 평화를 파괴하기도 쉬웠다. 별 근심 없이 부유하고 저명하며 성공을 거둔 사람을 찾기는 어려웠다. 어쩌면 루스벨트 대통령은 괴로웠을지 모르겠으나 헨리 포드는 그렇지 않았다.

무엇에 집중하느냐가 결과를 정한다

25년이 넘는 기간의 포드사 사업 기록을 면밀히 분석하니 헨리 포드의 특성 중 가장 주목할 만한 것, 즉 다른 어떤 것보다 성공에 도움이 된 특성을 알 수 있었다. 그는 원하는 것에 마음을 집중하는 능력이 출중했다. 원하지 않는 것이라면 무엇이든 마음을 쓰지 않는 능력도 뛰어났다.

성공의 비법을 20년간 연구한 결과, 나는 실패에 빠지는 주요 원인 31가지를 밝혀냈다. 그중 첫 번째이자 제일 빈번하게 나타나는 원인은 두려움, 불안, 시기, 탐욕, 좌절, 실패 등 원치 않는 상황과 감정에 마음을 두는 습관이다. 마음속에 이 같은 부정적인 상태가 팽배하면 절대 마음의 평화를 찾을 수 없다.

한번은 헨리 포드에게 항상 긍정적인 마음을 유지하는 비결을 물었더니 그가 대답했다.

"나는 하고 싶은 일만 생각하느라 바쁘다네. 하고 싶지 않은 일은 떠올릴 겨를조차 없어."

여기 이 멋진 공식으로 마음을 다루고 평화를 얻을 수 있다. 나는 질문을 이어 갔다.

"어디서 그런 훌륭한 철학의 토대를 만든 겁니까?"

그의 대답은 이랬다.

"하고 싶은 일에 마음을 집중했더니 그 일을 해낼 수 있는 방법이 항상 따라왔지. 반면 내 앞길을 막을지도 모르는 장애물을 생각하면 반드시 패배가 따라왔다네. 이 사실에 대한 깨달음이 토대가 됐어."

포드의 성공을 한 문장으로 요약하면 다음과 같다.

그는 세상에서 가장 저렴하면서 가장 믿을 수 있는 자동차를 만드는 일에 온전히 마음을 집중했고 자신의 명확한 목표를 이루기 전까지 결코 멈추지 않았다.

폐차장에 가면 말 그대로 포드의 경쟁자가 되고 싶었던 이들의 흔적이 가득하다. 그중 대부분은 포드가 사업을 시작할 때에 비하면 교육 수준도 높고 자본도 넉넉하며 자동차 업계의 노하우 또한 더 많이 가진 채로 사업에 뛰어들었을 것이다. 그러나 어느 누구도 실질적인 성과로 포드를 따라잡을 수 없었다.

포드와 경쟁하고자 했던 이들의 기록을 조사해 보니 여러 흥미로운 사실을 발견할 수 있었다. 그중에서도 눈에 띄는 사실은 거의 모든 이가 포드를 모방하려고만 했지 포드를 능가하기 위해 노력하지는 않았다는 점이었다. 자신만의 목표를 세우지 않은 채 포드의 목표를 차용하기만 했고 이것이 결국 자충수가 됐다.

나는 똑같은 일이 다른 분야에서도 일어나는 것을 수백 번은 봤다. 자신만의 명확한 목표 없이 다른 사람의 목표를 가져다 쓰려고 했던 사람들은 실패를 겪었다.

불가능은 가능의
전 단계일 뿐이다

앤드루 카네기가 개인의 성공에 관한 철학을 집대성하는 일을 내게 맡기며 함께 제시한 조건들이 있었다. 그중 하나가 카네기 본인을 포함해 누구에게도 지원받지 않고 내 방식대로 직접 돈을 벌어야 한다는 것이었다. 당시에는 너무 가혹하게 느껴졌지만 이후 여러 일을 겪고 나니 이 조건의 온당함을 알 수 있었다.

처음부터 혼자 힘으로 모든 것을 해내야 했던 나는 성공 철학을 연구하며 축적한 성공의 원칙들을 직접 실천하기 시작했다. 성공의 원칙 17가지 중 첫 번째에 해당하는 '명확한 목표'를 즉시 세일즈맨 교육 업무에 적용했다. 그 결과 20년간 연구를 수행하기에 충분한 돈을 벌 수 있었다. 게다가 이 과정에서 삶의 철학을 하나 발견했다. 실천하는 모든 이에게 도움이 될 만한 철학을 다음같이 한 문장으로 표현할 수 있다.

'모든 역경은 그것에 상당하는 이익의 씨앗을 동반한다.'

카네기가 내건 가혹한 조건은 역경인 줄 알았지만 결국에는 큰 축복이었다. 그리고 그 조건은 성공의 또 다른 원칙 중 하나, 즉 '실패나 일시적인 패배는 동등한 힘을 가진 성공 요인으로 전환될 수 있다'는 원칙으로 이어졌다.

명확한 목표는 상상력을 고양하는 훌륭한 자극제다. 헨리 포드의 이야기가 좋은 예다. 포드는 엔진의 실린더 블록을 한 조각으로 주조하는 방안을 모색해 보라고 엔지니어들에게 지시했다. 당시에는 두 조각으로 주조하는 방식이 보편적이었기에 엔지니어 중 한 명이 불가능하다고 대답했다.

포드가 소리쳤다.

"불가능이라는 단어를 함부로 사용하는군. 어서 가서 시험해 보게."

온갖 방안을 차례차례 테스트했지만 소득이 없었다. 포드가 말했듯 엔지니어들이 불가능이라는 단어에 갇혀 좀처럼 벗어나지 못했기 때문이었다. 결국 포드는 엔지니어링 부서에 새로운 지시를 내렸다.

"실린더 블록을 한 조각으로 주조할 수 있을 때까지 다른 프로젝트는 잠시 중단하게."

몇 시간 후, 한 조각으로 주조된 실린더 블록이 주조 공장으로부터 전달됐다. 한 직원이 이 문제를 어떻게든 해결해야겠다고 마음먹고는 제도실에서 종이를 붙잡고 있는 대신 주조 공장에서 금속으로 실험해 해답을 찾아낸 것이었다.

헨리 포드는 거대한 산업 제국을 유지하기 위해 자본이 많이 필요했다. 다만 자본을 제공하는 대가로 그의 사업을 좌지우지하려는 이들에게 돈을 구하지는 않았다. 그의 계획은 자신의 사업으로 가장 큰 이득을 보는 이들에게 사업 자본을 구하는 것이었다. 바로 포드 자동차의 유통 업체들이었다. 포드 가문이 지금까지 포드사를 운영하고 있는 것은 헨리 포드가 이렇게 명확한 목표를 잘 적용한 덕분이다.

08

무엇이든 해낼 수 있다고 믿어라

믿음

제1차 세계 대전이 끝나 갈 무렵, 군 복무를 마친 한 젊은이가 구직을 도와 달라며 나를 찾아왔다.

"적당한 일자리가 필요해요. 그리고 잠잘 곳과 먹을 것만 있으면 됩니다."

흐리멍덩한 눈빛을 보니 그의 마음속에서는 이미 희망이 사라진 것이 분명했다. 그저 생계를 유지하는 정도로 만족하며 인생을 보내려는 사람이었다. 그러나 그가 마음가짐을 바꾸면 막대한 부를 목표로 삼고 실제로 그것을 이룰 수도 있음을 나는 너무나 잘 알았다.

내 안에 존재하는 무언가가 이런 질문을 던졌다.

"백만장자가 되고 싶지는 않은가? 현금 수백만 달러를 버는 것도 얼마든지 가능한데 왜 적당한 벌이로 만족하려는 건가?"

그가 소리쳤다.

"장난치지 마십시오. 저는 배가 고파요. 돈을 벌어야 합니다."

"자네와 장난치려는 생각은 추호도 없네. 나는 진지하다고. 자네가 가진 자산을 활용하고 더 높은 금액을 목표로 삼을 의향이 있다면 수백만 달러를 벌 수 있도록 도와줄 수 있다네."

"자산이라니 무슨 뜻입니까?"

"긍정적인 마음이 가진 자산 말일세. 자네의 능력이

나 경험에서 확실한 자산이 뭐가 있는지 살펴보자고. 우리는 거기서부터 출발하는 걸세."

백만장자가 되기로 마음먹은 젊은이

이야기를 나누며 이 젊은 친구가 전쟁에 나가기 전 집집마다 방문해 브러시를 판매한 경험이 있음을 알게 됐다. 군 복무 시절에는 취사병으로 오랜 시간 근무했고 자연히 요리를 배웠다고도 했다. 그러니 그가 가진 총 자산은 요리하는 능력과 한때의 세일즈 경험으로 구성돼 있었다.

평범한 서민이 요리나 세일즈로 백만장자가 돼 신분 상승을 할 가능성은 그리 높지 않다. 하지만 이 젊은 이는 자신의 마음을 잘 들여다봤다. 자신의 마음이 믿고 상상하는 모든 것을 이룰 수 있다고 확신했으며 이 과정을 통해 평범한 서민의 삶에서 벗어날 수 있었다.

그와 대화를 나눈 2시간 동안 내 마음은 그가 가진 두 자산의 잠재력을 분석했다. 세일즈와 요리라는 2가지 자산을 결합해 그가 상당한 규모의 돈을 벌 방법을 빠르게 떠올렸다.

나는 내 생각을 이야기했다.

"내가 자네라면 이렇게 해 볼 것 같네. 먼저 세일즈 능력을 발휘해서 주부들이 집으로 이웃을 초대해 저녁 식사를 대접하도록 권하는 거지. 그럼 나는 그 집에서 특수한 알루미늄 조리 도구로 저녁을 차릴 테고 식사 대접을 마치면 조리 도구 전체를 세트로 구성해 판매할 거라네. 만약 20명이 초대된 자리라고 치면 확신하건대 그중에서 10명이 조리 도구를 구입하게 할 수 있어."

"아주 좋군요. 그런데 그렇게 일하는 동안 저는 어디에서 자고 무엇을 먹으면서 살아야 합니까? 조리 도구를 살 돈은 또 어디서 구해야 합니까?"

인간의 마음은 기회가 주어졌을 때 온갖 부정적인 상황과 잠재적으로 마주칠 법한 모든 장애물을 먼저 떠올리고는 한다. 참 불가사의하지 않은가?

나는 대답했다.

"내가 처리하겠네. 자네가 할 일은 조리 도구를 팔아서 백만장자가 되겠다고 마음먹는 걸세. 자네는 자네 일을 제대로 하게. 나는 내 일을 할 테니. 헨리 포드라는 이름을 들어 본 적 있나? 세계에서 가장 위대한 공장을 세웠고 지금도 운영하고 있지. 자본도 후원자도 없었고 내가 자네에게 제공하려는 이런 도움 역시 받지 못했는데도 말일세. 심지어 교육도 자네보다 훨씬 덜 받았을 거라네. 그리고 하나 더 명심해 줬으면 하는 것이 있어. 더 이상 스스로를 과소평가하지 말고 마음 먹은 것은 무엇이든 해낼 수 있다고 믿어 보게나!"

나는 멈추지 않고 이야기했다.

"자네가 제대로 자리 잡는 동안 우리 집 손님방을 쓰게나. 마셜 필드 백화점에서 내 이름을 대고 좋은 옷도 골라 보고 말이야. 일을 시작할 수 있을 만큼의 조리 도구 재고는 내가 함께 책임지겠네."

"저에 대해 아무것도 모르면서 이 모든 것을 해 주시 겠다는 겁니까? 저를 이렇게나 믿어 주신다면 저 역시 말씀대로 해낼 수 있다고 확신합니다."

"좋아. 그렇게 말해 주기를 기대했다네. 오늘 밤은 집에서 함께 저녁을 먹고 계획도 더 세워 보자고."

"젊은 친구가 생판 남에게 큰 행운을 얻었군!"이라고 외쳤을지도 모르겠다. 하지만 정반대다. 행복을 다른 사람과 나눌 좋은 기회를 내가 얻은 것이었으며 덕분 에 당시 찾고 있던 마음의 평화에 한 발짝 더 가까워 졌다.

알루미늄 조리 도구를 판매한 지 4년이 돼 갈 즈음, 젊은이는 빚을 갚겠다며 다시 나를 찾아왔다. 그는 자 신의 서명이 적힌 백지 수표를 건네며 "100만 달러까 지 원하는 금액을 기입해 주시면 됩니다"라고 말했다.

그는 조리 도구를 판매하는 자신만의 방법을 다른 사 람들에게도 가르쳤다. 가르침을 받은 이들이 그에게 돈을 벌어다 줬고 결국 400만 달러 조금 넘는 부를 축 적했다. 그것도 전부 현금으로 말이다. 나는 수표에 소소하게 1만 달러를 적어 그에게 돌려줬다. 그가 한 번도 마주한 적 없던 진정한 자신의 모습을 만난 날을 기념하기 위해 간직하라는 뜻이었다. 그리고 나는 그 어느 때보다 마음의 평화라는 비밀에 가까이 다가갔다.

내가 젊은이에게 알려 준 방법으로 알루미늄 및 스테인리스 조리 도구를 판매하는 일은 현재 전국적으로 광범위한 산업이 됐다. 내 친구 클래런스 마시는 센추리 메탈크래프트 그룹의 세인트루이스 지부를 맡고 있는데 실제로 내가 제안한 방식대로 조리 도구를 판매한다. 150명 정도의 판매원이 그의 밑에서 일하며 그중 한 달 실적이 500달러보다 낮은 사람은 아무도 없다. 대부분의 한 달 실적이 2,000달러에 달한다. 스스로를 구원할 자격이 있는 젊은 친구를 돕고자 내가 구상한 방안 덕택이었다.

당신이 어떤 사람의 마음에 씌인 굴레를 끊고 마음의 주인에게 그의 진정한 모습을 보여 준다면, 마음의 평화를 얻는 데 더 가까워질 뿐만 아니라 지옥의 문은 두려움에 떨고 천국의 종은 영광으로 울릴 것이다.

믿음에는 마법 같은 힘이 정말로 존재한다! 내가 친

구들에게 믿음을 가져 보라고 조언하는 것도 이 때문이다. 자신을 향한 믿음을 갖고 시작해 보라. 지금껏 인간의 마음이 그릴 수 있는 가장 위대한 국가인 미국을 끝까지 굳게 믿어 보라. 그리고 마지막으로 이 위대한 국가의 모든 국민에게 보장된 자유야말로 마음의 평화를 얻는 데 필요한 뒷받침이라는 사실을 명심하기 바란다.

09

무의미를 의미로
전환하라

전환

당신의 과거보다 더 무의미한 것은 없다. 그러니 마음의 평화를 원한다면 슬픔을 일으키는 모든 과거의 일로부터 자유로워지는 법을 배워야 한다. 과거의 슬픈 경험을 들춰내고 곱씹는 것은 자신을 향한 비난을 마주하는 것보다 더 안 좋은 일이다.

모든 불쾌한 경험은 그와 동등한 기쁨이나 이익의 씨앗을 가져다준다는 사실을 명심하기 바란다. 만약 불쾌한 경험을 떠올려야만 한다면 그와 동등한 이익의 씨앗을 찾아 가면서 불쾌한 경험을 무언가 바람직한 것으로 전환하기 바란다. 어쩌면 그 씨앗은 슬픈 경험을 통해서만 깨달을 수 있는 유용한 교훈에 숨어 있을지도 모른다.

불쾌한 경험이 마음에 흉측한 상처를 남긴다면 어떻게 할 것인가? 마음은 지금까지 입은 상처와 미래에 입을지도 모를 다른 상처를 모두 치유할 힘을 가졌다. 이 사실에 동등한 이익의 씨앗이 존재할 수도 있다.

불쾌한 경험, 실망, 좌절과 이어지는 문을 닫아라. 위대하고 절대적인 치유자인 시간은 상처를 치유할 뿐만 아니라 마음을 조절해 나쁜 경험에서도 동등한 이익의 씨앗을 찾아낼 수 있도록 할 것이다.

다시는 떠올리고 싶지 않은 과거로 통하는 문을 닫을 때는 반드시 그 문을 단단히 걸어 잠가야 한다. 그래야 이미 떠나보낸 경험을 틈새 너머로 들여다보고 싶은 유혹에서 벗어날 수 있다.

당신이 마음의 평화로 가는 길을 찾고 있다는 점을 명심하라! 인간이라면 누구나 빛바랜 희망과 불쾌한 경험이 묻힌 묘지를 갖고 있다. 하지만 그 묘지를 가

로질러 뻗어 있는 길로는 결코 마음의 평화에 다다를
수 없다.

긍정적인 환경으로
스스로를 이끌어라

당신이 먹은 음식이 체내를 통과할 때 일부는 건강
한 신체를 유지하기 위해 필요한 영양분으로 흡수된
다. 한편 흡수되지 않은 나머지는 치명적인 독이 되
지 않도록 폐기물로 버려진다. 일상적인 경험에서 마
음의 양식을 취할 때 마음은 몸과 비슷하게 반응한다.
마음의 양식 역시 일부는 행복을 위해 필요하지만 다
른 일부는 치명적인 독이 되기 전에 제거해야 하기 때
문이다.

마음의 평화를 찾고 나면 당신의 마음은 행복에 방
해가 되는 모든 생각과 정신적인 반응을 저절로 떨쳐
낼 수 있다. 하지만 마음이 이처럼 뛰어난 통솔력을
갖추기 전이라면 당신의 마음과 성격에 부정적인 영
향을 끼치는 모든 것을 의식적으로 떨쳐야 한다.

'떨쳐 내기'는 모든 부정적인 생각을 긍정적인 반응으로 전환하는 습관과 같다. 아마 당신은 "어떻게 하는 거죠?"라고 물을 것이다. 그저 당신의 생각이 불쾌한 경험에서 벗어나게 한 뒤 즐거운 환경으로 이끌어 주면 된다. 이 과정이 어떻게 이뤄지는지 다음의 예시를 통해 살펴보겠다.

짝사랑이 이뤄지지 않아 크게 낙심했다고 가정해 보자. 상처가 생긴 지 얼마 안 됐고 워낙 깊어서 당신이 보기에 도저히 치료할 수 없을 것만 같다. 일단 그런 생각부터 버려야 한다. '절대'라는 말을 섣불리 꺼내서는 안 된다.

지금 바로 당신이 가진 사랑의 감정이 다른 사람을 향하게 하라. 그런 다음 최고의 치료제인 시간이 당신을 도울 수 있게 하라. 아마도 며칠 안에 혹은 길어야 몇 주 안에 더 따뜻하고 매력적인 사람과 사랑에 빠지는 행운을 자신이 어떻게 거머쥐었는지 궁금해질 것이다. 반면 마음의 평화를 결코 찾지 못하는 사람들은 대개 좌절에 빠져 있는 동안 집에만 틀어박혀 지내다가 마음에 커다란 구멍이 생기고 만다.

지나간 사랑을 반추하면서 그 경험이 동등한 이익의 씨앗으로서 당신의 영혼을 풍요롭게 하고 당신이 더 위대한 사랑을 찾도록 이끌었다는 사실을 깨달았는가? 그렇다면 이제 옛사랑으로 이어지는 문을 굳게 닫아 버리자. 어떤 사랑의 경험도 영영 사라지지는 않는다. 상대방이 응답하는지 아닌지와는 별개로 사랑의 감정을 표현하기만 해도 사랑에 빠진 사람의 영혼이 영원토록 풍요로워지기 때문이다.

슬픔은 천재성을 촉발하는 도화선

역사를 돌아보면 사랑으로 겪은 좌절감이 천재성으로 전환된 사례들이 있다. 다른 종류의 슬픈 경험 역시 천재성으로 전환한 사람들이 있는데 이들도 이런 경험 없이는 천재성을 결코 발휘하지 못했을 것이다.

토머스 에디슨은 선생에게 산만한 바보 취급을 받고 퇴학당했다. 퇴학 경험은 에디슨의 숨겨진 천재성을 촉발하는 도화선이 돼 그를 세계 최고의 발명가로 이

끝었다.

오 헨리는 범죄를 저질러 교도소에서 복역까지 했다. 그 경험을 통해 작가의 재능을 발견했으며 문학사에 불멸의 존재로 남았다.

잭 런던은 힘겨운 어린 시절을 보냈다. 막노동을 전전했고 병을 앓았으며 부랑죄로 교도소에 수감되기도 했다. 그는 이런 경험으로 소설을 써냈고 결국 생전은 물론이고 사후에도 세계적인 작가로 인정받았다.

찰스 디킨스는 첫사랑과 관련해 큰 좌절을 겪었지만 옥상에서 뛰어내리거나 수면제를 과다 복용하지 않았다. 오히려 짝사랑을 연료 삼아 그의 가장 뛰어난 작품《데이비드 코퍼필드(David Copperfield)》를 써냈다. 이 걸작은 그에게 왕에 걸맞은 부와 영광을 안겼다.

'위대한 해방자'로 불리는 에이브러햄 링컨은 가난하고 문맹이었던 부모 밑에서 태어났다. 삶의 시작부터 인간에게 알려진 모든 종류의 실패를 겪어야 할 운명처럼 보였다. 상점의 점원으로 일을 해 봤지만 실패했고, 측량 기사로도 일을 했지만 빚을 갚기 위해 측량기를 처분한 적도 있었다. 변호사가 됐지만 소송에서 이긴 적은 많지 않았다.

하지만 그가 진정으로 사랑했던 유일한 여자 앤 러틀리지의 죽음이야말로 그의 인생에서 가장 큰 비극이었다. 이 불행한 경험은 링컨의 위대한 영혼에 깊이 파고들었고 결국 그는 역사적으로 위대한 지도자가 될 수 있었다. 삶에서 가장 큰 비극을 가장 큰 성공으로 전환해 미국 최고의 대통령 자리까지 오른 것이다.

불쾌한 경험으로 고통스럽다면 마음을 바꿔 당신의 열정을 표출할 수 있는 대상으로 관심을 돌리기 바란다. 이런 전환은 분명히 큰 도움이 될 것이다.

10

긍정적인 동기를
갖고 움직여라

마음가짐

사람과 사람 사이에 존재하는 차이는 아주 작지만 그 작은 차이가 큰 차이를 만든다. 작은 차이는 마음가짐이다. 큰 차이는 그 마음가짐이 긍정적이냐 부정적이냐.

당신은 마음을 완전히 통제해 당신이 원하는 목표로 향할 수 있다. 또는 마음을 소홀히 통제했다가 원하지 않는 목표에 도달할 수도 있다. 당신이 어느 쪽에 속할지는 언제나 마음가짐에 따라 결정된다.

마음가짐은 말하자면 수문(水門)과 같아서 좋은 경험이든 나쁜 경험이든 모든 경험에 대한 정신적인 반응을 조절할 수 있다. 인간이 가진 마음의 힘을 통제하기 위해 자연이 선물한 안전밸브인 셈이다. 마음가짐이 어떤지에 따라 누군가는 성공으로 향하는 모든 계획을 짤 수 있는 반면 누군가는 게으름과 무관심에 빠져 실패를 피하지 못한다.

마음가짐은 열망과 동기에 따라 달라진다. 9가지 기본적인 동기가 사실상 인간의 모든 행동을 이끌며 한 사람의 인생이 성공할지 실패할지는 9가지 동기를 어떻게 사용하는지에 달려 있다.

9가지 동기는 다음과 같다.

1. 사랑의 감정
2. 성욕의 감정
3. 물질적인 부를 향한 욕구
4. 자신을 보호하고 싶은 욕구
5. 자신을 표현하고 싶은 욕구
6. 몸과 마음이 자유롭고 싶은 욕구

7. 사후에도 영원히 기억되고 싶은 욕구

나머지 2가지는 부정적인 동기다.

8. 분노와 복수의 감정
9. 공포의 감정

우리가 자발적으로 행하거나 자제하는 모든 것이 이 9가지 기본적인 동기에서 비롯된다. 여기서 강조해야 하는 사실이 있다. 마음의 평화를 얻으려면 7가지 긍정적인 동기를 최대한 발휘해야 하며 2가지 부정적인 동기에는 절대로 영향을 받지 말아야 한다는 점이다.

이런 사실에도 대부분의 사람은 일생 동안 2가지 부정적인 동기에 지배당해 마음의 힘을 제대로 발휘하지 못하고 스스로 실패의 구렁텅이로 향하고 만다. 부정적인 마음가짐을 긍정적으로 바꿨다면 쉽게 성공에 이르렀을 텐데 말이다.

축복과 저주를
선택하는 특권

마음의 평화를 얻고 싶다면 2가지 부정적인 동기를 억누르거나 긍정적인 노력의 형태로 반응해야 한다. 그리고 7가지 긍정적인 동기를 이용해 마음가짐을 긍정적으로 유지해야 한다. 이를 통해 마음의 평화에 이르는 진정한 길을 찾을 뿐만 아니라 바라는 만큼 물질적인 성공도 이룰 수 있을 것이다.

무언가를 혹은 누군가를 두려워하고 있다면 마음의 평화를 얻을 수 없다. 다른 사람에게 복수하거나 상처를 입히고자 하는 열망에 의해 움직인다면 어떤 정당한 명분이 있든 간에 마음의 평화를 얻을 수 없다. "사람은 무엇이든 심은 대로 거두리라"라는 말이 있다. 사람의 마음에 처음 뿌려지는 씨앗은 모두 각자의 마음가짐에 달려 있다.

위대한 인물들은 타인을 해치고 싶다는 생각으로 낭비할 시간이 없다. 만약 타인을 해치겠다는 목표로 허비할 시간이 있다면 위대한 사람이 아닐 것이다. 자기수양으로 위대한 사람이 되는 소수에 비해 압도적인

다수에 속하는 지극히 평범한 자에 불과할 것이다.

당신이 평생 경험하는 당신 마음의 끌어당기는 힘은 마음가짐에 의해 부여된다. 마음가짐은 뜻대로 통제할 수 있으므로 결국 당신이 끌어당기는 대상과 상황이 마음의 평화를 찾는 데 도움이 될지 방해가 될지도 결정할 수 있다.

당신이 자고 있든 깨어 있든 뇌는 끊임없이 활동한다. 당신의 생각을 바깥으로 전파하면서 다른 사람의 뇌가 방출하는 신호를 감지한다. 이때 뇌는 다른 사람이 보내는 생각의 신호 중에서 당신의 마음가짐과 조화를 이룰 신호를 선별해 받아들인다. 만약 마음가짐이 부정적인 편이라면 마치 당신 것이라고 착각할 법한 부정적인 생각들을 끌어당길 것이다. 그리고 이 부정적인 생각들로 인해 당신은 분명 '불가능하다'는 마음가짐에 이르고 말 것이다.

반면 7가지 긍정적인 동기가 마음가짐을 지배한다면 긍정적인 마음가짐이 비슷한 생각들을 끌어당겨 '할 수 있다'는 강력한 힘을 얻을 것이다. 당신의 계획을 성공적으로 수행할 준비가 된 셈이다. 또한 당신은 마음의 평화를 얻을 것이다.

생각도 사실은 사물이다. 자의든 타의든 생각의 신호를 내보내면 그 생각은 다시 돌아와 축복을 내리기도 하고 저주를 내리기도 한다. 윌리엄 어니스트 헨리는 다음의 구절을 쓸 때 이미 이 진리를 알고 있었다.

나는 내 운명의 주인

나는 내 영혼의 선장

당신 역시 운명의 주인이자 영혼의 선장이 될 수 있다. 그저 마음을 완전히 지배한 다음, 마음의 평화를 비롯해 염원하는 바를 곧장 이뤄 주는 7가지 긍정적인 동기에 마음을 집중하면 된다. 당신이 유일하게 뜻대로 다룰 수 있는 것은 마음을 지배하는 특권뿐이다. 이 특권을 사용하면 필요한 모든 것을 충족할 수 있을 것이다.

당신은 마음의 평화를 간절히 바라고 있다. 인간이 가질 수 있는 재산 중 가장 위대한 것을 말이다. 그렇다면 7가지 긍정적인 동기를 활용해 마음의 평화를 얻는 데 필요한 모든 것을 끌어당기기 바란다. 지금 서 있는 그 자리에서 당장 시작하라.

11

마음을 지배하는 생각이 삶을 지배한다

내적 자아

거울을 볼 때 당신 눈에 보이는 것은 진짜 당신이 살고 있는 집뿐이다. 머지않아 집은 허물어져 그것의 근원인 먼지 속으로 돌아갈 것이다. 그리고 집에 살고 있는 존재는 일평생 삶이라는 투쟁을 경험하며 얻은 은혜를 갖고 자신의 고향인 무한 지성의 영원한 바다로 돌아가 그것의 일부가 될 것이다.

여기서 집은 당신의 몸이다. 당신은 그 안에 살고 있는 위대하고 강력한 존재를 더 잘 알아야 한다. 이 존재만이 유일하게 마음의 평화의 비밀을 지켜 주기 때문이다. 당신의 모든 기쁨과 슬픔, 성공과 실패, 질병과 건강, 괴로움과 마음의 평화가 이 존재에서 비롯된다.

당신 안에 자리한 이 보이지 않는 존재는 당신의 지시라면 무엇이든 아주 꼼꼼히 수행하지만 그 지시의 본질이 무엇인지 알아내려고 하지는 않는다. 이 숨겨진 존재의 눈에 당신은 자유롭게 행동할 수 있는 사람이자 혼자 힘으로 내적 자아를 형성하고 내적 자아가 당신의 목표로 향하도록 만들 수 있는 사람이다. 이 심오한 특권은 당신의 자산 중 독점적으로 통제할 수 있는 유일하고 위대한 자산이다. 그리고 당신을 지상의 다른 모든 생명체와 구분 짓는 유일한 특성이기도 하다.

당신의 생각이 주로 가난을 향해 있다면 내적 자아 또는 잠재의식은 그 생각이 실제로 가난으로 이어지도록 할 것이다. 한편 부에 대한 생각이 마음을 지배하고 있다면 내적 자아는 부를 얻는 방법과 수단으로 틀림없이 당신을 안내할 것이다. 이것은 나만의 견해가 아니다. 과학자들은 물론이고 평범한 사람들에게도 엄연히 자연의 법칙에 근거해 입증된 진리로 잘 알려져 있다.

내적 자아와 소통해
300건의 특허를 낸 발명가

메릴랜드주 체비 체이스에서 연구 활동을 하던 박사 엘머 게이츠는 내적 자아를 발견해 이것과 친밀한 관계를 잘 유지했다. 그 덕분에 어떤 기계적인 문제나 기술적인 문제에 부딪혀도 그만의 '고요의 방'에 들어가 대개 몇 분 만에 해결책을 떠올려서 나오고는 했다. 이 방식으로 그는 기본 특허를 포함해 300건에 가까운 특허를 따냈다.

게이츠 박사가 내적 자아를 다루는 기술은 흥미로우면서도 유용하다. 그는 집에 특별한 사색의 공간을 마련했다. 두꺼운 벽 사이를 톱밥으로 방음 처리해 외부 소음을 차단했다. 작은 나무 테이블과 의자를 뒀다. 테이블에는 종이 뭉치와 연필 몇 자루뿐이었다.

그는 내적 자아에게 알리고 싶은 문제가 있으면 방

음실에 들어가 전등을 끄고 종이와 연필이 놓인 테이블 앞에 앉았다. 그다음 의식적으로 생각하기를 멈춘 채 당면한 문제에 집중하면서 아이디어가 스스로 모습을 드러내기를 기다렸다. 이렇게 하니 그가 구하던 정보가 몇 분 안에 나타나는 일이 상당히 자주 일어났다. 그럼 그는 다시 전등을 켜고 마음속에 떠오른 모든 것을 써 내려갔다.

이 방법으로 예컨대 지상에서 프리즘을 이용해 무인 보트를 조종하는 원리를 떠올릴 수 있었다. 1890년대 후반에 그가 발견한 이 원리는 의심할 여지없이 현재의 로봇 가이던스 및 레이더에 적용되는 기술의 전신이다.

하버드대학교에서 성공학을 강연했을 때 나는 게이츠 박사가 성취한 것들을 자세히 언급했다. 강연의 막바지에 한 학생이 자리에서 일어나 물었다.

"선생님께서 이야기했듯 게이츠 박사는 내면을 바라볼 수 있는 눈을 가졌는데 왜 돈을 전혀 모으지 못한 채 세상을 떠난 건가요?"

나는 3년 반 동안 게이츠 박사의 비서로 지냈기에 이에 대한 답을 알고 있었다.

"게이츠 박사는 죽을 때만 돈이 없었던 것이 아닙니다. 놀랍게도 그는 살아생전에도 자신과 가족들을 돌볼 만한 돈조차 갖고 있지 않았습니다. 그는 돈을 모으는 쪽으로 마음을 돌리지 않았기 때문에 돈을 모으지 않았을 뿐입니다. 돈을 의식하지 않았던 것이죠. 내적 자아는 개인을 지배하고 있는 생각을 정확히 가치가 같은 물질로 바꾼다는 사실을 명심하세요. 만약 게이츠 박사가 백만장자가 되기를 바랐다면 그만큼 많은 부를 축적했을 것입니다."

당시 이 질문을 받아서 기뻤다. 모든 성공이 돈으로 측정되는 것은 아니라는 사실을 강조할 수 있었기 때문이다.

나는 게이츠 박사의 지도하에 쌓은 지식을 수년이 지나고서 활용하게 됐다. 이 지식에 우주가 반응해 청각 기관이 없이 태어난 아들 블레어의 청력이 정상 수준의 65퍼센트까지 회복됐다. 블레어가 태어난 날부터 9세가 될 때까지 녀석이 자는 동안을 이용해 잠재의식을 매개로 마음과 마음이 소통한 결과였다.

게이츠 박사의 지도로 얻은 또 다른 지식으로 나는 '행동하는 믿음(Applied Faith)'에 관한 가르침을 써 내려갈 수 있었으며 그 결과 수백만 명이 내적 자아를 발견하고 활용하게 됐다. 또한 그의 지도 덕분에 마음의 평화로 이어지는 참된 길을 찾을 수 있게 토대를 마련했다. 지금 전하는 이야기들을 통해 그 참된 길을 당신에게도 보여 주는 것이다.

게이츠 박사와의 경험을 언급함으로써 그가 어떤 사람이며 어떤 업적을 남겼는지 모르는 젊은 세대에게 그가 19세기 미국이 낳은 몇 안 되는 위대한 과학자임을 설명하고자 했다. 그는 과학 연구 분야에서 정상급 인물이었으며 토머스 에디슨보다 더 많은 발명품을 만들었다.

내가 '8인의 왕자'로 알려진 유명한 자기 지도 공식을 발견한 것도 게이츠 박사와 알렉산더 그레이엄 벨 박사 밑에서 배웠기 때문에 가능했다. 이 공식은 이후

이어질 이야기에서 다루겠다. 내가 깨어 있을 때든 잠들어 있을 때든 8인의 왕자의 도움으로 삶에 필요한 모든 것이 저절로 해결된다.

왕자들의 이름은 각각 경제적 안정, 신체적 건강, 마음의 평화, 희망, 믿음, 사랑, 낭만, 그리고 종합적인 지혜다. 각 왕자의 이름은 내가 받는 도움의 성격을 나타낸다. 왕자들의 도움에 내가 보답할 수 있는 방법은 변함없이 감사를 표하는 것뿐이다.

12

받는 것보다
더 열심히 일하라

---- **노력** ----

일을 아무리 열심히 해도 받는 돈이 너무 적으면 지금 하는 일이 마음에 들지 않을 것이다. 당신도 비슷한 문제를 겪고 있는가? 용기를 내 미래를 바라보자. 내 안내를 따르면 이 문제에서 벗어날 수 있다!

당신의 현재 상황에서 출발해 보자. 덫에 걸린 두 마리 쥐와 비슷한 상황에 처했다고 가정해 보는 것이다. 두 쥐는 미끼로 놓여 있던 치즈를 누가 먹을지에 대해 말다툼하기 시작했다. 둘 중 현명한 쥐가 말했다.

"치즈는 네가 먹으렴. 내가 원하는 것은 이 덫에서 탈출하는 방법뿐이야."

당신이 현명한 쥐와 같은 타입이라고 가정해 보자. 지금의 당신처럼 좋아하지 않는 일에 갇혀 탈출구를 찾던 한 사람의 이야기를 소개하겠다. 그가 자신의 상황을 개선하기 위해 사용한 방법은 당신에게도 도움이 될지 모른다.

도넛의 구멍 대신 도넛 그 자체를 보라

이야기는 조지아주에 위치한 R. G. 르투르노 회사의 주조 부서에서 시작된다. 주조 부서는 열기, 연기, 먼지로 악명이 높아 공장 전체를 통틀어 직원들이 가장 일하기 꺼리는 곳이었다. 주조 부서원은 총 20명이었는데 그중 한 명이 반드시 진급해 이곳을 벗어나겠다고 마음을 먹었다.

그는 거의 모든 동료 직원이 힘든 일에 대해 하루 종

일 불평하는 것을 보고 아이디어를 떠올렸다. 이 아이디어는 그를 주조 부서에서 벗어나게 해 줬을 뿐만 아니라 그에게 더 크고 좋은 기회를 안겨 줬다. 그는 지금도 성공적으로 본인의 사업을 영위하고 있으며 덤으로 마음의 평화까지 얻었다.

그의 아이디어는 주조 부서의 업무에서 무언가 감사할 것을 찾아 경영진에게 서면으로 그 감사를 표현하자는 것이었다. 그는 주조 부서 동료들을 하나하나 설득했다. 마침내 그의 아이디어가 들불처럼 번져 나갔다. 얼마 지나지 않아 주조 부서에서는 더 이상 불평이 들리지 않았다. 게다가 지난 수년 내내 적자였던 부서 운영 비용이 놀랍게도 흑자로 전환돼 전체 부서 중에서도 수익성이 매우 좋은 부서로 거듭났다. 물론 부서원들의 임금 역시 인상됐다.

이 특별한 운동을 이끌었던 그는 진급을 거듭해 르투르노 회사의 최고 자리까지 올랐다. 한편 그의 명성이 지역 사회에 퍼지면서 최상위급 회사들로부터 영입 제안을 받기 시작했다. 임금은 그가 감히 상상조차 못한 수준이었다. 전화 회사에서 한 건, 전력 회사에서 한 건, 규모가 큰 가구 제조 회사에서 또다시 한 건의 제안이 왔다.

뒤이어 한 국내 잡지에서 이 비범한 인물이 간단한 아이디어를 통해 일터에 긍정적인 분위기를 조성했고 이로 인해 큰 명성을 날리고 있다는 소식을 다뤘다. 어떤 아주 부유한 자가 이 이야기를 접하고서는 그에게 직접 제조 사업을 시작해 보라며 필요한 자본을 선뜻 내줬다.

그와 마지막으로 대화를 나눴을 때 인생에 이토록 커다란 변화를 가져다준 것이 무엇인지 한 문장으로 표현해 줄 수 있는지 물었다. 그러자 그가 대답했다.

"물론이죠. 도넛의 구멍을 보는 것을 그만두고 도넛 자체를 보기 시작했던 것입니다."

정말 좋은 문장이다. 그가 마음가짐을 바꾸자 그의 삶에 영향을 미치는 모든 것이 함께 바뀌었다. 현재 자신의 운명에 만족하지 않더라도 인생을 바꾸기 위해 훌륭한 가르침을 따를 마음만 있다면 누구나 같은 과정을 경험할 수 있다.

더 높은 자리에서
큰일을 할 자격

출발점은 각자의 마음속에 있다는 사실을 명심하라. 마음가짐은 마음속에서 조절이 가능하며 마음속에서 조절돼야만 한다.

일은 어떤 것이든 두 종류의 이익을 제공한다. 하나는 월급 봉투에 담긴 급여이며 다른 하나는 자신의 능력을 증명할 수 있는 기회다. 둘 중에는 후자가 더 중요한 자산이다. 전자는 같은 직군에 속하는 경쟁자들로 인해 한계가 있는 반면 후자는 자신이 필요로 하는 무엇에든 적용할 수 있기 때문이다.

주조 부서 직원이 해냈듯 다른 사람의 도움이나 동의 없이 단순히 한층 더 노력하는 것만으로도 누구나 기회를 잡을 수 있다. 즉 내가 받는 보상에 비해 더 많고 더 나은 서비스를 기쁜 마음으로 제공하면 된다. 지금은 작은 일을 하는 사람이라도 이런 방식으로 더 이상 고용주가 붙잡을 수 없을 만큼 자신의 가치를 높일 수 있다. 더 높은 자리에서 더 큰 일을 할 자격을 스스로 만드는 것이다.

한층 더 노력한다는 원칙을 더 큰 기회와 보상을 얻기 위한 청사진으로 활용하는 사람은 거의 없다. 언젠가 헨리 포드가 내게 묘사했던 사람이 평균적이라고 볼 수 있겠다. 포드는 중요한 업무를 맡기기 위해 수많은 사람을 면접했다. 한 지원자가 다른 지원자들에 비해 유독 뛰어나 보여 원하는 급여를 물었더니 "받을 수 있는 최대한을 원합니다"라는 답변이 돌아왔다. 포드가 말했다.

"좋네. 나는 자네의 가치가 어느 정도인지 모른다네. 아마 자네도 마찬가지일 걸세. 그러니 이렇게 정리해보자고. 일단 한 달간 이 업무를 수행하면서 자네의 능력을 증명하는 거지. 우리는 그 뒤에 자네의 가치에 맞게 급여를 지급하겠네."

그러자 지원자가 소리쳤다.

"그렇게는 못합니다. 지금은 제가 일하는 것에 비해 더 많이 받는걸요."

포드는 그 뒤로 그와 함께 지내면서 그가 한 말이 진짜였다는 사실을 깨달았다고 한다.

마음의 평화, 높은 책임을 요하고 벌이도 좋은 직업이나 사업, 상위 계층으로서 이루는 성공은 자신의 마음가짐을 통해 주변 사람들의 삶과 마음을 풍요롭게 채운 사람에게 보상으로 주어지는 법이다. 일찍이 앤드루 카네기가 말하기를 부정적인 마음가짐을 지닌 사람은 굳이 입을 열지 않아도 모든 직장 동료의 마음에 악영향을 끼칠 수 있다. 반면 카네기는 찰스 슈왑에게 정규 급여에 더해 연간 100만 달러 수준의 추가 보상을 기꺼이 지급했다. 슈왑이 그만의 성격을 통해 직장에 훌륭한 마음가짐을 퍼뜨렸기 때문이었다.

카네기와의 협업이 최고점에 이르렀을 때 슈왑의 연봉은 7만 5,000달러였다. 이게 그의 실제 업무에 상당하는 금액이었다. 그의 건강한 마음 상태가 카네기 공장 수천 명의 직원에게 긍정적인 영향을 줬기 때문에 최고 연봉의 10배 이상이 종종 지급됐던 것이다. 심지어 슈왑은 일당 50센트를 받는 평범한 노동자로 커리어를 시작해 스스로의 힘으로 회사에서 가장 중요한 자리에 올랐다. 이 과정에서 그가 실제로 관리한 것은 그의 마음뿐이었다.

이상으로 마음의 평화를 얻는 방법을 알려 주기 위해 내가 준비한 이야기들을 마치겠다. 부디 교훈들을 잘 활용하기 바란다. 그럼 손이 닿는 곳에 마음의 평화가 보일 것이다.

Napoleon Hill

2부

마음의 평화는
베푸는 이에게
온다

마음의 평화를 찾는 가장 확실한 방법은 최대한 많은 사람이
마음의 평화를 찾도록 돕는 것이다.

_나폴레온 힐

01

동료에게
호의를 보여라

대갚음

　명예를 얻거나 많은 재산을 모으려면 동료의 협력이 필요하다. 어떤 지위에 오르든 얼마만큼의 재산을 얻든 이를 영원히 유지하기 위해서는 주변 사람의 희생이 따라야 한다.

　이웃의 호의 없이 영광스러운 자리를 계속 지킨다는 것은 달까지 날아가겠다는 것만큼이나 터무니없다. 동료들과의 조화 없이는 막대한 재산을 지키는 것 역시 불가능하며 상속을 받지 않는 한 애초에 그만큼 돈을 벌 수도 없다.

돈이나 지위를 얼마나 평안하게 향유할지는 당신이 사람들을 얼마나 끌어당길 수 있는지에 달려 있다. 평소 알고 지내는 사람들의 호의를 누리는 사람은 그들의 능력이 닿는 한에서 무엇이든 이룰 것이다. 이 사실은 너무 명백해 선견지명이 있는 현자가 아니더라도 누구나 알 수 있다.

부와 명예 이 둘 모두든 둘 중 하나든 이것에 닿을 수 있는 길은 동료들의 마음을 따라 이어진다.

대갚음의 법칙(Law of Retaliation) 외에도 동료의 호의를 얻는 다른 방법이 존재할지도 모른다. 하지만 나는 지금껏 그런 것을 본 적이 없다.

대갚음의 법칙을 통해 당신은 다른 사람에게 준 것을 반드시 돌려받을 수 있다. 여기에는 추측도, 우연적인 요소도, 불확실성도 없다.

이 법칙을 어떻게 활용해야 우리에게 도움이 될지 살펴보자. 우선 말할 필요도 없이 명확한 사실이 하나 있다. 인간의 마음은 외부에서 받은 도움이나 방해를 하나하나 전부 보답하거나 앙갚음하려고 한다는 것이다. 누군가를 적대시하면 그가 똑같이 보복을 가할 것이 불 보듯 뻔하다. 반면 누군가에게 친절을 베풀고 도움을 건넨다면 그 역시 똑같이 보답할 것이다.

이 원칙대로 응답하지 않는 사람은 굳이 신경 쓰지 않아도 된다. 그런 자는 순전히 예외일 뿐이다. 평균의 법칙에 따라 대다수의 사람은 완전히 무의식적으로 응답할 것이다.

매사에 적대적인 태도를 보이는 사람은 그런 태도에 본때를 보여 주고 싶어 하는 사람을 수도 없이 만나기 마련이다. 당신이 직접 여기저기 시비를 걸고 다녀 보면 금방 이 사실에 동의할 것이다. 언제나 얼굴에 미소를 띠며 만나는 사람마다 다정한 말을 건네는 사람은 누구에게나 사랑받는다. 반면 이와 정반대인 사람은 모두에게 반감을 살 뿐이다.

대갚음의 법칙은 온 우주에 적용되는 강력한 힘으로 끊임없이 밀기도 하고 끌어당기기도 한다. 땅에 떨어진 도토리 속에서도 대갚음의 법칙을 찾을 수 있다. 도토리는 따스한 햇살에 응답해 잎이 두어 장 달린 작고 어린 가지로 자란다. 이파리는 더 자라 단단한 참나무를 이루는 데 필요한 요소들을 끌어당긴다. 도토리가 끌어당기는 것은 앞으로 참나무로 성장할 세포뿐이다. 절반은 참나무고 나머지 절반은 포플러나무인 것은 세상에 없다. 도토리의 중심부는 오로지 참나무를 구성하는 요소들과 조화를 이룬다.

사람의 머릿속에 존재하는 생각은 그것이 파괴적이든 건설적이든, 친절하든 무정하든, 언제나 같은 부류만을 끌어당긴다. 증오와 혐오에 정신을 집중하면서 긍정적인 결과를 바라는 것은 도토리가 포플러나무로 자라기를 바라는 것만큼 가당찮다. 이유는 간단하다. 대갚음의 법칙에 위배되기 때문이다.

온 우주에 걸쳐 물질적인 형태를 가진 모든 것은 특정한 끌어당김의 중심부로 이끌린다. 지적 수준이나 성향이 비슷한 사람들은 서로 끌린다. 인간의 마음이 다른 사람의 마음과 친밀감을 형성할 때는 상대와 성향이 비슷해 잘 어울릴 수 있을 때뿐이다. 그러므로 당신이 끌어당기는 사람이 어떤 부류인지는 당신 마음이 어떤 성향이냐에 따라 달라진다. 당신 마음의 성향은 당신이 선택하는 대로 얼마든지 조정할 수 있으며 그 결과 당신이 원하는 사람을 끌어당길 수 있다.

대갚음의 법칙은 자연의 법칙이자 불변의 법칙이며, 우리가 의식적으로 사용하든 그렇지 않든 항상 작용한다.

〈대갚음의 법칙으로 사람을 끌어당기는 방법〉, 1919년 10월.

02

어제의 적과
오늘의 동료가 되려면

유유상종

유유상종이라고 했던가! 우리는 우리의 모든 행동과 생각에서 이 원칙의 구체적인 증거를 볼 수 있다. 성공에는 설명이 필요 없고 실패에는 변명이 허용되지 않는다. 실패는 실패를 끌어당기고 성공은 성공을 끌어당긴다.

예로부터 철학자와 선지자는 이 법칙에 대해 항상 이야기했다. 하지만 대개 격언으로 전해졌기에 우리가 보기에는 추상적이거나 설교에 가까웠다.

이런 법칙이 실제로 존재한다는 증거를 원한다면 설교자, 변호사, 의사 또는 평범한 사람을 비판한 뒤 그가 동일한 방식으로 대갚음하는지 확인해 보라. 반대로 칭찬했을 때 상대가 같은 방식으로 응답하는지도 확인해 보라. 인간의 마음은 되돌려 주는 경향이 있다. 당신이 이웃에게 선물을 주면 그도 선물로 보답할 것이다. 하지만 당신이 이웃을 비방한다면 그 역시 당신을 비방할 것이다.

당신이 세상을 미워하면 세상도 당신을 미워할 것이다. 그러나 당신이 용서하고 잊는 법을 깨달으면 당신의 결점도 마찬가지로 용서받고 잊힐 것이다.

사람은 무엇이든 심는 대로 거두리라.

색다른 경험을 즐기고 싶다면 당신이 싫어하는 모든 사람과 당신을 싫어하는 듯 보이는 모든 사람에게 크리스마스 카드나 생일 축하 카드를 보내 보라. 각자에게 짧은 메시지를 적당히 적어 보내고 마음속에 품고 있던 증오심을 모두 떨쳐 버려라. 당신의 행동이 지금껏 적이었던 자들을 아마 친구로 변화시킬 것이다.

다른 사람이 했으면 하는 바를 당신이 먼저 솔선수범하면 대갚음의 법칙에 따라 당신이 바라던 대로 그들도 따라 움직일 것이다. 시도해 보라! 절대 후회하지 않을 것이다.

〈대갚음〉, 1920년 3월.

03

구설을
멀리하라

본성

누군가를 험담해야만 한다면 말로 하지 말고 물가의 모래 위에 글로 적어라. 이 오래된 땅 위를 기어다니는 가장 위험한 파충류는 머리가 납작하고 몸통이 굵은 독사가 아니라 혀를 양쪽으로 마음대로 흔드는 은밀하고 교활한 인간 파충류다!

얼마 전 내 비서가 한 남자에게 전화를 걸어 나와의 약속을 잡으려고 한 적이 있었다. 나는 그를 채용하고 보수로 연 3,000달러 이상을 지급할 생각이었다. 그런

데 약속 일정을 조정하기 전에 이 지원자도 알고 있는 어떤 이의 이름이 언급됐다. 그러자 이 지원자가 대뜸 그 사람을 헐뜯기 시작했다.

"그자는 사기꾼, 도둑, 거짓말쟁이예요!"

대화 중에 그가 구설거리로 삼을 만한 것은 전혀 없었다. 비서는 통화에서 무슨 일이 벌어졌는지 내게 보고했다. 나는 그와의 약속을 취소했다. 그가 맹렬히 비난한 사람은 공교롭게도 내 가까운 친구였으며 그가 한 말에 진실이라고는 전혀 없다는 사실을 알았기 때문이다.

그저 궁금증을 해소하고자 나는 친구에게 전화를 걸어 그에 대해 아는 것이 있는지 물었다. 물론 그자가 무슨 말을 했는지는 말하지 않았다. 친구와의 통화에서 알아낸 바는 다음과 같다. 내 친구는 그자를 단 한 번도 만난 적이 없었다. 친구가 지인 한 명과 사업상 충돌이 생겨 손해를 입은 것에 대해 고소할 수밖에 없었는데 알고 보니 그 지인이 내 지원자의 매부였다.

나는 지원자에게 전화를 걸어 내 친구 이야기를 어디서 들었는지 물었다. 매섭게 몰아붙였더니 그는 전해 들은 말이 전부라고 실토했다.

암시의 힘은 매우 강력하다. 타인의 인격을 훼손하는 암시는 아무리 가벼워도 뿌리치려면 확고한 의지가 필요하다. 길모퉁이에 선 저속한 청년이 고개를 끄덕이거나 눈짓만 해도 지나가던 수많은 여성의 명예가 무고하게 더럽혀지고는 했다.

나 역시 다른 사람에 대한 이야기를 하지 않는 것이 얼마나 어려운지 실제로 경험했기에 잘 안다. 그런 말은 꺼내지 않는 것이 최선인데도 말이다. 지난 5년에서 6년 새 나는 비로소 내 입을 단속하는 법을 배웠으며 누군가의 이름이 거론될 때 그의 말 못할 비밀로 그를 공격하지 않는 법도 배웠다.

당신이 존 브라운이라는 사람을 안다고 해 보자. 당신은 그의 가정사와 사적인 문제에 대해서 알고 있다. 만약 그것을 입 밖에 냈다가는 그가 지인들을 보기 난처해질지도 모른다. 이럴 때 입을 다물고 있기란 쉽지 않다.

하고 싶은 말을 참는 것이 얼마나 힘든지 잘 알지만 명심해야 할 점이 있다. 어쩌면 존 브라운도 당신의 과거에 대한 정보를 갖고 있을지 모른다. 이 정보가 당신을 아는 사람들에게 유포돼 끔찍한 구설수에 시달리는 것은 결코 유쾌한 일이 아닐 것이다. 타인의 자존심과 인격에 상처를 입힐 만한 무언가를 말하거나 넌지시 드러내고 싶어질 때면 역지사지해 당신이 스스로를 공격한다고 상상해 보라. 역지사지하기 전과 후가 얼마나 다른지 알게 될 것이다.

누구나 살면서 다른 사람들에게 밝히고 싶지 않은 일을 겪기 마련이다. 그리고 그 누구도 주변 사람의 개인적인 비밀을 공개적으로 들춰 퍼뜨려서는 안 된다. 심지어 이런 행동은 돈을 버는 데에도 악수일 뿐이다.

세상은 험담을 싫어한다. 당신이 남을 헐뜯으면 그것을 들은 동료는 앞으로 쭉 당신을 나쁜 사람으로 볼 것이다. 그리고 만약 그 동료가 제대로 된 사람이라면 분명 당신을 피할 것이다. 언젠가 당신이 험담하는 대상이 본인이 되리라는 사실을 알기 때문이다.

어떤 사람을 두고 좋지 않은 이야기를 하면 그 행동이 아무리 정당할지라도 득이 될 것이 없다. 그것을 듣는 사람이 당신을 나쁘게 평가할 뿐만 아니라 당신이 스스로를 바라볼 때도 당당하지 못하게 되기 때문이다.

인간은 냉소적이고 천박한 말로 타인에 대해 이야기하고 싶어 하는 본성을 갖고 있다. 이런 본성에 굴복할 때마다 당신의 부정적인 자질로 세워진 건물에 벽돌이 하나씩 추가된다. 그럴수록 당신이 바라던 평화로운 상태, 즉 다정함으로 사람을 바라볼 수 있는 상태에서 더 멀어지게 된다.

명심하라. 한 사람 안에 존재하는 탁월함을 잘 계발하고 이끌어 낸다면 그는 결코 밑바닥까지 비참하게 가라앉지 않는다. 탁월함을 이끌어 내는 최선의 방법은 그를 향한 나의 믿음을 그에게 인지시키는 것이다. 먼저 그를 높이 평가하면 그는 기대에 부응하기 위해 최선을 다할 것이다.

반면 삶의 목적이 고귀하고 이상적인 사람을 찾아

끊임없이 괴롭히고 폄훼해 보라. 의지가 엄청나게 강하지 않은 이상 그는 결국 당신이 그의 마음속에 던진 말들을 받아들여 당신 뜻대로 행동할 것이다.

그러나 당신이 무슨 자격으로 인격 검사관 역할을 자처한다는 것인가? 이 질문은 우리 모두가 스스로에게 던질 수 있어야 한다. 누군가를 비방하고 헐뜯고 싶다면 먼저 자기 자신부터 돌아보고 당신이 비난하는 사람에게 꼬투리 잡힐 일은 없는지 살펴보기 바란다.

입을 함부로 놀리는 습관이 위험한 이유는 더 많다. 몇 달 전, 시카고의 한 식당에서 어떤 남자가 테이블에 앉아 있었다. 두 청년이 들어와 그와 같은 테이블에 자리를 잡았다. 이윽고 두 청년 중 하나가 젊은 여성 한 명이 식당에 들어오는 것을 발견하고는 그녀가 어디에 앉을지도 모르는 채로 그녀를 두고 듣기 거북한 말을 하기 시작했다. 그러자 테이블에 먼저 앉아 있던 사내가 일어나 의자를 집어 들더니 그 청년이 인사불성이 될 정도로 두드려 팼다.

사실 테이블에 앉아 있던 사내와 식당으로 들어오던

여자는 부녀 사이였다. 조사 결과 추잡한 말을 뱉던 청년은 그녀와 개인적으로 아는 사이도 아니었다. 사람들이 말리지 않았다면 그는 목이 졸려 죽었을지도 모른다.

사실 여부와는 상관없이 다른 사람에 대한 발언으로 당신의 목이 부러질지도 모른다. 당신이 만약 재력가라면 타인에 관해 이야기했다가 명예를 훼손했다는 판결을 받아 무거운 배상금을 물어야 할 가능성도 있다. 하지만 말을 삼가야 하는 가장 큰 이유는 따로 있다. 입이 제멋대로 날뛸 때마다 순수하고 고결하며 가치 있는 사람이 되기 어려워지기 때문이다. 그럴수록 오히려 당신이 억누르고 싶은 측면이 더 커질 뿐이다.

사람에게는 평판이 전부다. 누군가 내 재산을 훔치더라도 내 평판을 건드리지만 않는다면 나는 곧 새로운 재산을 갖게 될 것이다. 부는 좋은 평판을 통해 쌓이며 가난은 나쁜 평판에서 비롯된다.

당신이 평판을 직간접적으로 망치려 든다면 최악의 도둑이라고 할 만하다. 그 어느 좀도둑도 일부러 악의를 갖고 남의 명성을 파괴하는 자에는 비할 바가 못된다. 확고한 평판을 쌓아 올리는 데는 평생이 걸린다. 남이 평생에 걸쳐 쌓은 평판을 빼앗는다면 당신은 지구상에서 가장 악랄한 뱀이 되는 셈이다.

누군가를 헐뜯고 싶은 유혹에 넘어갈 것 같다면 차라리 혀를 깨물어라. 이런 유혹을 이겨 내고 나면 그 순간 따뜻한 만족감이 온몸에 퍼질 것이다. 내가 직접 경험해 봤기 때문에 잘 안다. 아는 사람을 험담할 뻔했지만 결국 그러지 않은 사람에게 찾아오는 이 만족감은 행복과 자존감까지 가져다줄 것이다.

용서하고 잊는 기술을 배워라. 누군가 당신을 말로든 행동으로든 부당하게 대접해도 용서하고 잊기 바란다. 원한을 품어 봤자 마음이 병들고 성품이 더럽혀져 결국 매력이 떨어질 뿐이다.

용서하는 법을 배울 때, 증오를 없애는 법을 배울 때, 말을 삼가는 법을 배울 때, 타인에 대해 무례하게 말하고 싶은 생각에서 벗어날 때, 당신은 행복해지는 법은 물론이고 당신이 교류하는 모든 이에게 사랑받는 법을 깨닫게 될 것이다.

누군가와 대화를 나눌 때 그 자리에 없는 사람 이야

기가 나온다면 나쁜 점을 언급하기보다 훌륭한 점을 언급하는 것이 훨씬 낫다. 대화 상대가 누군가를 험담하려고 하면 최대한 빨리 화제를 전환하라. 더 기분 좋은 이야기를 나눌 수 있도록 말이다.

당신이 주변 사람을 욕하는 모습을 보고 당신을 좋게 평가할 사람은 없다. 상대가 당신이 헐뜯은 대상에 대해 편견을 가질 수도 있겠으나 동시에 당신에 대해서도 편견을 갖게 될 것이다.

뿌린 대로 거두는 법이다. 친절한 말, 응원의 말, 사람들을 행복하게 하는 말을 인생의 들판에 뿌리기 바란다. 이렇게 말하는 습관을 들이면 젊은 시절에 뿌려 놓은 방종의 씨앗을 제거하는 데 큰 도움이 될 것이다.

다른 사람을 헐뜯는 순간 후회와 양심의 가책이 밀려오는 법이다. 험담꾼도 자신이 잘못하고 있다는 사실을 안다. 양심이 그렇게 말해 주기 때문이다. 이 작고 고요한 목소리에 귀를 기울이기 바란다. 다른 사람에 대해 이야기할 때면 그 목소리가 당신을 올바른 길로 이끌어 줄 것이다. 이 습관을 실천하면 인생에서 가장 큰 축복을 받을 것이며 자존감이 높아져 더 행복한 삶을 살게 될 것이다.

만약 내가 단 하루만 교회의 강단에 서 달라는 요청을 받는다면, 그 요청이 내 가르침을 설교할 마지막 기회라면, 나는 이 글에 쓴 내용을 주제로 삼을 것이다. 다른 사람을 관리하려는 사람은 먼저 자기 자신을 관리할 줄 알아야 한다. 특히 자신의 입을 말이다!

〈험담꾼들〉, 1919년 1월.

04

악은
선으로 갚아라

선

다른 사람들 의견에 동의할 수 없더라도 그들과 다투기를 자제할 수는 있다. 우리를 화나게 하는 자들에게 반격하려면 시간과 에너지를 소모할 수밖에 없다. 만약 이 시간과 에너지가 무엇을 파괴하는 데 쓰이지 않고 건설적이고 생산적인 활동에 사용된다면 우리는 막대한 부를 쌓을지도 모른다. 평범한 사람은 일생의 4분의 3을 쓸모없고 파괴적인 활동에 낭비한다.

당신에게 몹쓸 짓을 한 사람을 벌할 방법은 단 한 가

지다. 바로 악을 선으로 갚는 것이다. 원수의 머리 위에 쌓을 수 있는 가장 뜨거운 숯불은 그의 잔혹한 악행에 친절함으로 대응하는 것이다.

증오로 보내는 시간은 전부 낭비된다. 게다가 인간의 마음속에서 유일하게 가치 있는 감정을 억누르고 생산적인 일을 하지 못하게 만든다. 증오는 그것에 탐닉하는 사람만을 망가뜨린다.

증오와 분노로 가득한 생각은 위스키나 모르핀보다 우리 몸에 악영향을 끼친다. 편협함, 이기심, 탐욕, 옹졸한 질투에 초연할 만큼 현명하고 올바르게 성장한 사람은 행운아다. 이런 나쁜 감정들은 인간이 가진 좋은 추진력을 없애고 인간의 마음을 폭력성에 노출시킨다.

분노가 인간에게 뭐라도 도움이 될 수 있다는 이야기는 전혀 들어 본 적이 없다. 쉽사리 분노하지 않는 사람, 동료를 망치고 좌절시키지 않는 사람에게는 대체로 위대한 영혼이 자리하기 마련이다.

주변 사람에게 입은 상처를 진정으로 잊을 수 있는 사람은 선망의 대상이 될 만하다. 그런 사람의 영혼은 보통 사람들은 결코 누릴 수 없는 지고의 행복에 이를 수 있다.

　신이시여, 언제쯤 인류는 싸우기를 멈추고 사랑하는 마음으로 서로 도우며 함께 인생의 길을 걷게 될까요? 동료를 파괴하려는 추악한 유혹에 굴복하지 않는 이에게 인생에서 가장 자비로운 축복이 내려진다는 사실을 우리는 언제쯤 깨달을까요?

〈동료들과 다투지 말라〉, 1919년 10월.

05

늘 평정과 미소를
유지하라

———————— **통제력** ————————

주변 상황을 통제하기 전에 먼저 자기 자신을 통제 해야 한다. 자제는 인생에서 가장 어려운 과제다.

며칠 전 어떤 부유한 사람이 전등 회사에 전화를 걸었다. 최근 세입자를 새로 구한 집에 불을 켜야 하니 전기 기술자를 보내 달라는 전화였다. 이미 근무 시간이 지난 후였기에 직원 중 누구도 가고 싶어 하지 않았다. 하지만 그 집에 이사 온 사람들이 불빛 없이 지내고 있다는 이야기를 듣고 설득된 한 직원이 결국 일을 맡았다.

전기 기술자가 막 그 집에 도착했을 때 부유한 집 주인은 세입자와 함께 간신히 가스등을 찾아 불을 켜는 데 성공했다. 집에 불이 들어온 것을 본 전기 기술자는 더 도와줄 것이 없는지 물어보지는 않고 대뜸 집주인에게 욕을 퍼붓기 시작했다. 불을 켤 수 있으면서 쓸데없이 연락해 가족과의 시간을 뺏었다는 이유에서였다. 기술자는 완전히 평정심을 잃은 채 온갖 불평을 늘어놨다. 부유한 집주인은 그저 웃으며 성난 기술자에게 말했다.

"제게 설명할 시간조차 주지 않는군요. 우리는 당신이 이곳에 도착하기 직전에 가스등을 발견하고 불을 켰던 겁니다."

그는 운전사를 불러 화가 난 기술자의 팔을 잡은 채로 지시했다.

"이 신사분을 집까지 모셔다 드리게."

우리에게는 타인의 마음을 읽을 방법이 없으며 그나마도 대강 짐작만 할 뿐이다. 그러나 전기 기술자가 부호의 차에 탔을 때 굉장히 초라한 기분이 들었으리라는 데 담배 몇 개비를 자신 있게 걸 수 있다. 자제심을 잃고 분노를 표출하며 모욕감을 준 상대에게 그런 대접을 받았으니 말이다.

그 부자는 아내와 세입자가 기다리는 집으로 돌아갔다. 그는 이렇게 말할 뿐이었다.

"내가 원래 화가 많은 사람을 자주 만나지. 그렇지 않은가?"

그는 분노한 기색이 전혀 없었다. 만약 분노를 느꼈다면 감정을 철저하게 숨긴 셈이겠다. 그의 이름은 전국적으로 잘 알려져 있다. 자제력은 그가 가진 덕목 중 하나지만 많은 이가 그 사실을 잘 알지 못한다. 나는 이런 자제력이 그의 막대한 재산은 물론이고 다른 방면에서의 성공에 크게 기여했다고 믿는다.

타인에게 어느 정도의 통제력을 행사하고 싶다면 먼저 자기 자신을 통제하는 법부터 배워야 한다. 화를 내는 사람은 절대로 큰 지도자가 될 수 없으며 친구를 많이 만들 수도 없다.

누군가 당신을 논쟁에 끌어들여 자제력을 잃게 할 수 있다면 사실상 그가 당신을 지배하고 있는 것이다. 어떤 사람이 언짢은 얼굴로 당신에게 호통치듯 이야기하면 웃는 얼굴로 부드럽고 온화하게 대답하라. 그러면 그자의 의표를 찌를 수 있다. 마치 상대가 잘 알지 못하는 무기를 들고 검투를 벌이는 것과 같아 결국에는 당신의 승리로 끝날 것이다.

세상 그 누구보다 비열하게 행동하기란 결코 쉽지 않다. 그 누구도 따라하거나 넘볼 수 없을 정도로 지저분한 말을 하는 것도 아주 어려운 일이다. 하지만 자제력을 완벽히 발휘해 화가 난 사람을 친절하고 정중하게 대한다면 많은 사람이 마땅히 갖고 있어야 하나 실상 그렇지 못한 힘과 무기를 이용하는 셈이다. 당연히 수월하게 승리를 차지할 수 있다.

나도 한때 건물 관리인이 제공하는 서비스가 형편없

어 이성을 잃은 적이 있다. 당시 나는 관리인이 있는 지하로 당장 내려가 그에게 도움이 될 충고를 하려고 했다. 지하실에 도착해 그에게 온갖 모진 말을 다 뱉고 나니 보일러에 불을 때던 그가 몸을 일으켜 세우고는 검댕이 묻은 이마를 닦고 미소를 띠며 말했다.

"오늘 좀 흥분하신 것 같군요. 그렇지 않나요?"

맞는 말이었다! 부끄럽지만 그때 나는 정말로 흥분한 상태였다. 적어도 그 순간만큼은 나보다 관리인이 훨씬 자제력이 강한 사람이었다. 이 사실을 인정해야 한다는 것과 관리인에게 제대로 사과하지 않았다는 것이 부끄러웠다. 나는 위층의 사무실로 돌아가 벌어진 일에 대해 숙고했다. 결국 관리인에게 다시 내려가 용기 내 사과했다.

이후 행여나 그 관리인이 나 때문에 일부러 업무를 소홀히 하는 일은 절대 없었다. 그가 직접 말했듯이 말이다.

"우리는 자신의 잘못에 대해 사과할 수 있을 정도로 다 컸잖아요. 상대가 보잘것없는 건물 관리인일지라도요."

관리인과 충돌했던 일이 내게는 오히려 고맙게 느껴진다. 자제력의 가치를 다시금 배웠기 때문이다.

지하로 다시 내려가 관리인에게 사과하는 것은 자존심 상하는 일이었다. 하지만 관리인의 표정에서 그가 나를 다시 존중한다는 사실을 읽을 수 있었다. 그때의 만족감은 창피함을 모두 상쇄하고도 남았다.

당신은 과거에 저지른 잘못에 대해 누군가에게 사과한 적이 있는가? 당신 스스로 잘못했다는 사실을 알고 있을 때 사과를 건네면 커다란 만족감, 성취감, 마음의 평화를 얻을 수 있다.

〈자제력〉, 1919년 8월.

06

분노에 휘둘릴 것인가
상황을 다스릴 것인가

자제력

위대한 지도자나 정의를 위해 힘쓰는 사람이 되고 싶다면 먼저 뛰어난 자제력을 갖춰야 한다. 주변 사람에게 어떤 역할로든 큰 도움을 주고 싶다면 먼저 인간의 보편적인 성향인 분노, 편협, 냉소를 완벽히 제어할 줄 알아야 한다. 만약 당신이 다른 사람 때문에 화를 내면 그 사람에게 지배당하는 것일 뿐만 아니라 당신의 수준도 그 사람의 수준으로 떨어지는 셈이다.

자제력을 기르려면 황금률의 철학을 자유롭고 체계

적으로 사용해야 한다. 그리고 당신을 괴롭고 화나게
하는 사람들을 용서하는 습관도 가져야 한다. 편협하
고 이기적인 마음은 자제력에 상극과 같은 존재다. 이
런 마음가짐으로는 자제력을 키우기가 불가능하다.

약삭빠른 변호사가 반대 신문에서 가장 먼저 하는
일은 증인의 화를 돋워 자제력을 잃게 만드는 것이다.
분노는 광기의 상태다!

균형이 잘 잡힌 사람은 쉽사리 화를 내지 않으며 항
상 냉정하고 신중하게 일을 처리한다. 그리고 어떤 상
황에서도 차분하고 침착하다. 그런 사람은 적법한 일
이라면 무엇을 하든 성공할 것이다. 주변 상황을 다스
리려면 먼저 자기 자신을 다스릴 줄 알아야 한다.

자제력이 뛰어난 사람은 절대 이웃을 비방하지 않는
다. 그의 성향은 허물어뜨리는 쪽이 아니라 쌓아 올리
는 쪽이다.

당신은 자제력을 지니고 있는가? 아니라면 이 중요
한 덕목을 길러 보지 않겠는가?

〈자제력〉, 1920년 3월.

07

분석하고 탐구해
편협함과 멀어져라

―――――――――― **균형 감각** ――――――――――

의견이 충돌하는 사람에게 너그러워지는 법을 배우기 전에는, 높이 평가하지 않는 사람에게 친절하게 말하는 습관을 들이기 전에는, 단점보다 장점을 찾는 습관을 들이기 전에는, 당신은 성공할 수도 행복해질 수도 없을 것이다.

우리가 학교에 다니고 교육을 받는 목적은 균형 감각을 발달시키기 위해서다. 균형 감각을 발달시키지 못했거나 어떤 문제에 균형 감각을 잃기 시작한 사람은 괴짜나 조금 비정상적인 사람으로 여겨지기 마련이다. 엄밀히 말하면 완벽하게 균형 잡힌 마음은 존재하지 않는다. 하지만 인류의 진화가 균형 잡힌 마음을 목표로 한다는 점에는 의심의 여지가 없다.

교육을 잘 받은 사람은 다방면에 걸쳐 균형 감각이 발달했다. 진정한 교육을 받고 싶은 사람은 어느 정도 현자가 되기를 각오해야 한다. 즉 결과를 통해 원인을 탐구하거나 반대로 원인을 통해 결과를 탐구하는 습관을 익혀야 한다. 어떤 문제를 두고 그 구성 요소를 분석하고 조사하고 규명하기 시작한다면 균형 감각을 발달시키기 시작한 것이다. 균형이 잘 잡힌 마음이란 분석하고 탐구하는 마음이다.

편협함은 인류에게 내려진 매우 파괴적인 특성 중 하나다. 분석적이고 탐구적인 마음은 편협하지 않다고 믿을 만한 이유가 있다. 어떤 문제에 대해 근거를 듣거나 밝혀진 모든 사실을 검토하지 않은 채로 판단을 내리는 사람은 분석적이라고 할 수 없으며 균형 감각이 잘 발달된 사람이라고 볼 수도 없다.

모든 결과에는 저마다의 이유가 존재한다는 사실을

명심하자! 노력이 만족스러운 결과로 이어지지 않았다면 원인을 탐구하고 분석하는 시도를 해 보는 것이 좋다. 자꾸 실패만 거듭할 때는 거울 앞으로 가면 그 원인을 십중팔구 찾아낼 수 있다.

우리에게 영향을 끼치는 모든 원인을 통제하기란 불가능하다. 대신 원치 않는 결과를 낳을 만한 원인을 통제하는 것은 가능하지 않을까? 우리가 사람들을 대하는 태도, 다른 사람이 우리를 대하는 태도를 크게 바꿀 수 있도록 원인을 통제하는 것도 가능하지 않을까?

당신이 달성하고자 하는 주요 목표를 적을 때 다음 같은 항목을 써 보는 것도 좋겠다.

"내년에는 뛰어난 균형 감각을 위해 특별히 노력할 작정이다. 즉 인생의 과업이나 마음의 평화 혹은 물질적인 성공에 관한 목표에 영향을 미치는 원인을 찾아 분석하고 탐구하고 검토하는 습관을 들일 것이다."

〈행복한 균형점〉, 1919년 12월.

08

행동의 기쁨이
소유의 기쁨을 능가한다

기여

1920년 1월 1일에 이 글을 쓰고 있다. 전 세계의 모든 이가 올해에도 성공을 기원하고 있을 것이다. 성공의 뒤에는 대개 고생이 있기 마련인데 우리는 대부분 공짜 성공을 바란다. 최소한의 노력으로 성공하기를 원하는 셈이다.

앞으로 한 해 동안 달성하고 싶은 목표 중 하나로서 우리가 이해하는 대로 성공에 대한 정의를 글로 적어 보면 좋지 않을까? 당신이 '성공'을 어떻게 정의했는지는 모르겠지만 만약 내가 내린 정의를 당신에게 말할 기회가 있다면 이렇게 이야기하겠다. 성공이란 한 해 동안 알고 지낼 사람들에게 행복과 좋은 기운을 안겨 주는 긍정적이고 건설적인 생각과 행동의 총합이다.

당신 주변의 사람들을 웃게 할 수 있다면, 풍부하고 역동적인 성격으로 함께하는 사람들을 기쁘게 할 수 있다면, 인생의 아름다움을 생각하고 이야기하며 다른 사람들도 그렇게 하도록 만들 수 있다면, 마음에서 냉소, 증오, 두려움, 실망을 떨쳐 내고 그 자리를 온 인류에 대한 사랑으로 채울 수 있다면, 당신은 반드시 성공할 것이다!

돈은 성공의 증표가 아니다. 돈은 오히려 실패의 증표가 될 수도 있다. 돈을 모으는 과정에 행복과 선의가 함께하지 않았다면 명백히 실패의 증표가 될 것이다.

나는 지난 1년 동안 이 잡지의 지면을 통해 사람들에게 도움을 줄 수 있는 기회를 누렸다. 그 결과로 짜릿한 기쁨과 행복, 만족감을 얻었으며 그 가치는 세상의 모든 부를 합친 것보다 더 크다.

돈으로 이런 기쁨을 살 수 있을까? 아니, 그럴 수는

없다. 절대로 불가능하다. 기쁨은 소유가 아니라 행동에서 찾아온다. 명백한 진리임에도 어떤 사람들은 이 사실을 전혀 모른 채로 살아간다.

우리가 성공이라고 부르는 것에 닿는 길은 오로지 한 방향으로 뻗어 있다. '인류를 위한 기여'라는 드넓은 벌판을 곧장 지난다. 다른 방향으로 나 있는 길은 결코 성공에 이르지 못한다.

나 또한 올해에는 작년보다 더 행복해지려고 노력할 것이다. 세속적인 재물을 더 많이 소유하면 유용하게 쓸 수야 있겠지만 내가 행복해질 수는 없다. 오히려 이 잡지를 통해 더 많은 사람에게 이바지하고 가족과 친구에게 더 큰 행복을 전해 줌으로써 더 행복해질 것이다.

이렇게 해서 성공하지 못한다면 사실상 성공에 이르는 방법은 없다. 우리는 성공과 행복에 이르는 수단의 하나로 얼마든지 돈을 추구할 수 있으며 이 방식을 굳이 포기할 필요도 없다. 그러나 성공을 위해 전적으로 돈의 힘에 기대는 것은 결코 권장하지 않는다.

우리는 다른 사람을 돕고자 하는 의지가 사라질 정

도로 막대한 돈을 가져 본 적이 없다. 하지만 누군가는 그런 과정을 겪었으며 그 결과는 성공이라고 부르기 어려웠다. 이들의 변화는 지켜보기 안타까웠다. 다른 사람을 돌아보지 않기로 했을 때 그들은 희망과 흥미를 잃었다. 무엇보다 그들이 성취한 가장 중요한 것, 마음의 평화 또한 잃고 말았다.

〈성공이란!〉, 1920년 2월.

09

경제적인 성공을
조심하라

배금주의

경제적인 성공은 힘을 가져다준다. 그리고 그 힘은 적절하고 현명하게 사용할 줄 모르는 자에게는 위험한 법이다. 지독한 가난을 겪어 보지 않고 막대한 재력을 축적한 사람이 그 힘을 현명하게 사용하는 경우는 극히 드물다.

경제적인 성공이 가져다주는 힘에는 다른 사람의 권리를 짓밟고 무시하려는 성질이 분명하게 존재한다. 만약 경제적인 성공에 가까워지고 있다면 그 어느 때보다 언행을 조심해야 한다. 경제적인 성공을 이루고 나면 마음에 존재하던 건강한 감정을 억누르고 배금주의를 숭배하는 사람이 너무나도 많다!

진정한 성공은 돈으로 평가할 수 없다. 성공은 오로지 다른 사람에게 얼마나 유용하고 많은 도움을 줬는지에 의해서만 평가할 수 있다. 만약 돈의 힘 때문에 세상에 유익한 일을 하려는 의지가 사라진다면 그것은 성공이 아니라 실패라고 판단하는 것이 적절할 것이다.

진정한 성공이 무엇인지 확실하게 알지는 못해도 자기 자신과 다른 사람이 모두 행복해지는 것만이 진정한 성공이 아닐까 싶은 생각이 강하게 든다. 그리고 행복을 얻는 확실한 방법은 다른 사람이 행복을 찾도록 도와주는 것뿐이라고 생각한다. 이것은 재력이 있다고 해서 반드시 이룰 수 있는 것이 아니다.

일상생활에 필요한 수준 이상으로 돈을 벌고 모으기 시작한다면 정신을 차려야 한다. 진정한 성공, 행복, 마음의 평화에 이르는 확실한 길은 다른 사람에게 도움을 행하는 것이다. 재물이 당신의 눈을 멀게 해 그

길을 보지 못하는 일이 없도록 주의하기 바란다.

돈은 좋은 영향을 끼칠 수도, 나쁜 영향을 끼칠 수도 있다. 중요한 것은 돈을 소유한 사람의 성격이다.

〈경제적인 성공은 위험하다〉, 1920년 2월.

10

아이가 물정을
알 때까지 기다려라

───── **자수성가** ─────

여가 시간을 어떻게 사용하는지, 돈을 어떻게 쓰는지 내게 말해 보라. 그럼 10년 후에 당신이 어디에서 무엇을 하고 있을지 알려 주겠다.

우리는 일간지에서 다음의 기사를 접했다.

〈1년에 7,500달러로 살 수 없다는 가여운 부잣집 소년〉

오늘 17세의 한 가여운 부잣집 소년이 4,600달러짜리 새 자동차가 필요하고 1년 용돈도 7,500달러에서 1만 달러로 인상해야 한다는 요청을 어머니를 통해 대리 판사 코할 란에게 전했다. 소년은 생활비가 계속 증가하면서 그의 지위에는 1년에 7,500달러의 용돈이 적당하지 않다고 말했다.

1년에 7,500달러의 용돈이 그의 지위에 적당하지 않다니, 불쌍한 녀석! 그리고 녀석을 낳아 직접 젖을 먹여 가며 키웠을 어머니도 얼마나 가엾고 무지한가. 하지만 지금 그녀는 아들의 목에 무거운 짐을 걸어 그로부터 진취적인 정신을 앗아 가는 중이다. 진취성은 세상에 유익한 일을 해야 한다는 마음에서 비롯되기 때문이다.

합법적인 선에서 연간 7,500달러를 무사히 소비할 수 있는 17세 소년은 존재할 수 없다. 이렇게 막대한 금액이 수중에 있다면 상점이나 공장에서 8시간이나 10시간씩 일하는 동년배들보다 더 뛰어난 인간으로 태어났다고 생각할 것이 틀림없다. 그들은 임금으로 그저 몇 달러를 받고 그마저도 집세를 내고 식료품을 사는 데 쓰며 가족을 부양하고 있을 텐데 말이다.

부유한 집안에서 태어났음에도 놀라우리만치 세상에 유익한 일을 한 이들도 존재한다. 어마어마한 재산을 상속받았음에도 훌륭한 인생을 산 사람으로 존 데이비스 록펠러 주니어를 꼽을 수 있겠다.

반대로 해리 쏘 같은 사례도 있다. 불행하게도 그의 어머니는 그를 지나치게 방임했고 아버지 역시 지나치게 큰돈을 지원하며 방임을 거들었다. 결국 그는 끔찍한 조현병을 앓아 정신 병원에 갇히는 신세가 됐다.

만약 그가 막 성년에 접어들었을 때 생계를 위해 불가피하게 일을 해야 했다면 지금 오히려 이 사회의 자유롭고 유능한 구성원이 돼 있었을지도 모른다. 만약 해리 쏘가 직접 일을 해서 대학교 학비를 충당했더라면, 생계를 위해 직업을 갖고 멋진 사무실에서 일했더라면, 그의 인생은 훨씬 빛났을 것이다. 하지만 이 젊은 응석받이는 질투와 분노를 참지 못하고 재능 넘치는 건축가 스탠퍼드 화이트를 살해하기에 이르렀다.

1년에 7,500달러로도 만족하지 못하는 불쌍한 어린 소년을 다시 떠올려 보자. 아들이 더 나은 삶을 살기 바란다면 어머니는 차라리 내년 용돈 중 500달러 정도를 가져다가 아들의 경영 대학 진학을 위한 교육에 투자하는 것이 낫다.

판단력이 뛰어난 부모는 아이들에게 해 줄 수 있는 최선이 경영 대학에 보내 세상에 기여하도록 교육시키는 것임을 알고 있다. 기사 속 소년은 이런 부모의 자식들과 어울리며 깨달음을 얻어야 할 것이다. 그 소년이 단 1년만이라도 적절히 교육을 받을 수 있다면, 좋은 일꾼이 되기 위해 준비 중인 친구들과 교류할 수 있다면, 아마 놀라운 변화가 일어날 것이다. 소년의 부모가 정말 이 방법을 따르면 장기적으로 볼 때 용돈을 더 주는 것보다 소년에게 훨씬 도움이 될 것이다.

우리가 제시하는 방법에 의문이 든다면 당신이 역사의 페이지를 넘겨 과거의 위대한 인물들을 연구하게 됐다고 가정해 보라. 이를테면 소크라테스, 에머슨, 아리스토텔레스, 에픽테토스, 셰익스피어, 링컨 같은 위인들이 대상인 셈이다. 이들 모두가 극심한 가난을 경험했으며 이 중에 누구도 용돈을 7,500달러나 받아 가며 생계 걱정 없이 여유롭게 자라지 않았다니 연구해

볼만 하지 않겠는가?

비교적 현시대에 성공한 인물들의 기록도 살펴보
라. 부를 많이 축적해 성공했다고 여겨지는 사람이어
도 괜찮다. 그 사람들이 어떻게 밑바닥에서부터 시작
해 직접 이마에 땀을 흘리며 자수성가했는지 주목하
기 바란다. 예컨대 카네기, 록펠러 시니어, 제임스 제
롬 힐, 헨리 클레이 프릭 같은 사람들이 있다. 이들도
모두 가난한 어린 시절을 보냈다.

처음에 이들이 일을 시작했던 것은 그저 일을 해야
했기 때문이다. 일하는 습관이 부득이하게 자리 잡은
셈이다. 불가피함은 때로는 친절하고 때로는 잔인하
지만 이들이 자신의 일을 얼마든지 피할 수 있는 상황
이었다면 지금만큼 위대한 성취를 이룰 수 없었을지
도 모른다. 링컨도 해리 쏘처럼 인격이 형성되는 어린
시절부터 막대한 유산이라는 저주를 받았다면 묘비에
그 어떤 업적도 새기지 못한 채 쏘와 비슷한 최후를
맞았을 것이다.

자식에게 용돈을 줘야 한다면 적어도 아이가 일의
기쁨을 느껴 건강한 인격을 형성할 때까지는 기다리

기 바란다. 밑바닥에서부터 시작해 정상에 오른 위인들을 닮아 바람직한 성격을 발달시킬 때까지 조금 더 성장하도록 기다려 줘야 한다.

그러는 동안 아이에게 줄 돈이 사라지지는 않는다. 그 돈을 은행에 예치해 이자가 붙게 하라. 그리고 시간을 두고 아이가 돈을 적절히 다룰 능력과 지혜를 갖추도록 하라. 그럼 아이가 자라 우리가 성공했다고 여기는 인물들과 함께 역사의 한 페이지를 장식할지도 모른다.

〈가여운 부잣집 소년〉, 1920년 5월.

11

시작하면
끝을 보라

집중

패배가 찾아왔을 때 할 수 있는 가장 타당하면서도 쉬운 일은 포기다. 대부분의 사람이 이렇게 대처한다. 그러나 우리는 중요한 발견을 해냈다. 당신이 누구든 삶의 목표가 무엇이든 당신의 성공을 도울 수 있는 발견이다.

성공을 가져다주는 것은 타고난 자만이 가진 천재성이 아니다. 행운도 영향력도 부도 아니다. 무엇이 막대한 부를 쌓게 하고 한 사람에게 명성과 지위를 안기는지 다음같이 쉽게 설명할 수 있다. 바로 시작해야 할 것과 시작하지 말아야 할 것을 먼저 구분하고 한 번 시작한 것은 모두 완료하는 습관이다.

지난 2년 동안의 당신을 철저히 살펴보라. 무엇을 발견할 수 있는가? 수많은 아이디어를 떠올리고 수많은 계획을 실행했지만 당신은 그중 아무것도 제대로 마무리하지 못했을 가능성이 크다.

"미루는 습관은 시간 도둑이다"라는 격언을 들어 본 적 있을 테지만 딱히 유념하지는 않았을 것이다. 이 격언은 말 그대로 진리다! 크고 중대한 일이든 작고 사소한 일이든 이루고자 하는 바를 생각만 하고 각고의 노력도 없이 저절로 이뤄지기만을 기다리면 절대로 성공할 수 없다.

평범한 경쟁자들 사이에서 확실히 우위를 점하는 사업의 운영을 보면 대부분 명확한 계획과 아이디어에 전념하며 그렇게 집중한 상태에서 거의 벗어나지 않는다.

유나이티드 시가 스토어의 상품 판매 계획은 단순한 아이디어에 기반했지만 그 아이디어에 엄청난 노력이 집중됐다.

피글리위글리의 매장들은 집중의 원칙을 통해 명확한 계획에 따라 지어졌다. 여기서 계획이란 다른 업종에도 쉽고 간단하게 적용하기 쉬운 셀프 서비스 스타일의 쇼핑을 콘셉트로 하는 것이었다.

렉솔 드러그스토어 역시 집중의 도움을 받아 계획하에 만들어졌다.

포드의 자동차 사업도 간단한 계획에 집중이 더해진 결과다. 포드의 계획은 '규모의 경제'가 주는 이점을 살려 작지만 실용적인 자동차를 대중에게 최대한 저렴하게 제공하는 것이었다. 이 계획은 지난 12년 동안 거의 변경되지 않았다.

시어스 로벅 앤드 컴퍼니와 몽고메리 워드 앤드 컴퍼니는 세계에서 손꼽히는 규모의 통신 판매 회사다. 두 회사 모두 대량 구입과 판매의 혜택을 고객에게 전달하겠다는 간단한 계획으로 시작했으며 만족하지 못한 고객에게는 환불을 해 준다는 정책을 갖췄다. 판매업의 두 거인은 웅장한 기념물과 같으며 전념을 통해 명확한 계획을 고수하라는 원칙을 상징한다.

명확한 계획을 세우고 끝까지 지키라는 원칙을 통해 판매 사업에 크게 성공한 다른 사례들도 있다. 물론 이 원칙을 통해 결과적으로 성공한 사례보다 이 원칙을 채택하지 않아 실패하거나 실패에 가까워진 사례가 훨씬 더 많다.

이 글을 쓰기 바로 몇 시간 전만 해도 나는 똑똑하고 여러모로 능력이 출중한 사업가와 대화를 나누고 있었다. 그러나 그는 아이디어를 지나치게 많이 떠올리고서는 제대로 검증도 하기 전에 모든 아이디어를 폐기했다. 이 단순한 이유로 그는 성공에 이르지 못하고 있었다. 그에게 도움이 될 만한 조언을 건네 봤지만 그는 즉시 이렇게 대답할 뿐이었다.

"오, 저도 그 아이디어를 몇 번이고 떠올렸습니다. 그래서 한번 도전을 시작해 봤는데 효과가 없었어요."

"한번 도전을 시작해 봤는데 효과가 없었어요"라는 말에 주목하기 바란다. 그의 잘못을 알 수 있는 부분이다. 그는 도전을 '시작'하기만 했던 것이다.

독자들이여, 명심하라. 그저 시작만 하는 사람은 성공하지 못한다. 장애물이 존재하더라도 시작한 것을 끝내는 자만이 성공한다.

누구나 어떤 일을 시작할 수 있다. 하지만 그것을 마치기 위해서는 충분한 용기와 자신감, 고통스러운 인내심을 불러일으킬 소위 '천재성'이 필요하다. 사실 천재성이라고 말하기도 어렵다. 그저 끈기와 적당한 상식이 전부다. 흔히 천재라고 여겨지는 사람들은 실상 천재라기보다는 에디슨이 항상 얘기했듯이 올바른 계획을 세워 거기에 전념하는 노력가일 뿐이다.

성공이 단번에 몰아서 찾아오거나 급히 찾아오는 경우는 거의 없다. 가치 있는 성공 뒤에는 대개 지루하고 기나긴 인고의 시간이 있기 마련이다. 단단한 참나무를 기억하라. 참나무는 1년 만에도, 2년 만에도, 3년 만에도 다 자랄 수 없다. 꽤나 큰 크기로 자라는 데만 20년 이상이 걸린다. 수년 만에 매우 커다랗게 자라는 나무도 있지만 대개 목질이 부드럽고 구멍이 많으며 수명이 짧다.

올해 신발 장사를 하겠다고 결심한 사람이 이듬해에

농사를 짓기로 마음을 바꿨다가 그다음 해에는 생명 보험 판매원이 되기로 한다면 3가지 모두 실패하고 말 것이다. 반면 3가지 일 중 하나에 3년 동안 집중했다면 제법 성공했을지도 모른다.

내가 실패의 이유에 대해 잘 아는 것은 거의 15년간 같은 실수를 반복했기 때문이다. 당신의 앞길을 막을 지도 모르는 해악을 경고하기에 나처럼 완벽한 사람은 없을 듯하다. 나 역시 그 해악으로 수많은 좌절을 겪었기에 당신에게 들러붙은 해악도 찾아낼 수 있다.

새로운 결심을 하기 좋은 1월 1일이 다가오고 있다. 2가지 할 일을 위해 그날을 미리 비워 두기 바란다. 이 글을 읽고 실행하면 분명히 이득을 볼 것이다.

첫째, 당신만의 주요 목표를 채택하라. 가급적 앞으로 5년간의 목표를 잡아 보고 어렵다면 적어도 다음 해의 목표는 설정해야 한다. 목표를 정했다면 단어 하나하나 글로 적어 보기 바란다.

둘째, 주요 목표의 첫 항목을 다음처럼 설정하라.

"내년에는 성공하기 위해 처음부터 끝까지 수행해야 할 과제들을 최대한 상세하게 결정할 것이다. 천하에 그 어떤 것도 내가 시작한 일을 마치기 위한 노력을 방해할 수 없다."

마음속으로 아이디어를 떠올리는 능력은 누구나 갖고 있다. 문제는 대다수가 그 아이디어를 결코 실행으로 옮기지 못한다는 것이다.

세상에서 가장 성능이 좋은 기관차도 증기 돔에 저장된 에너지가 스로틀을 통해 방출되기 전까지는 아무것도 끌지 못하는 무가치한 기계에 불과하다. 당신은 여느 사람들처럼 머릿속에 에너지를 갖고 있지만 그 에너지를 행동이라는 스로틀을 통해 방출하고 있지 않다. 집중의 원칙에 따라 그 에너지를 과업에 쏟아부어야 하는데 당신은 그렇지 않고 있다. 그 과업을 잘 마치기만 하면 당신의 이름이 성공한 위인 목록에 올라갈지도 모르는데 말이다.

일반적으로 사람은 자신이 좋아하는 일에 대해서는 머릿속에 행동의 흐름을 저장해 뒀다가 필요할 때 밖으로 꺼낼 줄 안다. 그렇기 때문에 누구나 자신이 좋아하는 일을 하는 것이 바람직하다.

당신의 멋진 마음을 잘 구슬리면 의미 있는 과업에 집중해 에너지가 방출되게끔 할 수 있다. 당신의 에너지를 방출하기 제일 좋은 방법을 찾을 때까지 탐색을 멈추지 말기 바란다. 에너지를 가장 손쉽게 기꺼이 방출할 만한 일을 찾았다면 당신을 성공으로 이끌어 줄 일에 대단히 가까워졌다는 뜻이다.

소위 천재로 여겨지는 사람들을 인터뷰하는 것은 내 특권이었다. 당신을 격려하고자 솔직하게 이야기하고 싶은 사실은 당신과 나처럼 평범한 사람은 갖지 못한 무언가를 그들에게서 특별히 발견하지는 못했다는 것이다. 그들도 우리와 똑같은 사람이며 꼭 더 똑똑하지만도 않다. 하지만 우리처럼 평범한 사람도 갖고는 있지만 오직 천재들만이 제대로 활용할 줄 아는 능력이 있다. 머릿속에 저장돼 있던 생각을 행동으로 옮기는 능력, 경중에 상관없이 일을 마칠 때까지 집중을 유지하는 능력이다.

첫 시도부터 능숙하게 집중할 수 있으리라는 기대는

하지 않는 것이 좋다. 연필 깎기, 소포 포장, 편지지에 주소 쓰기 등 작은 일에 집중하는 법을 먼저 배우기 바란다.

시작한 일을 모두 끝마치는 이 놀라운 기술을 완벽히 익히려면 아무리 작은 일이라도 모든 일을 잘 마무리하는 습관을 들여야 한다. 일단 이 사실을 깨닫고 규칙적인 습관을 들이면 그 뒤로는 별다른 노력 없이 저절로 해낼 수 있을 것이다.

이 글의 가르침이 당신에게 어떤 의미가 있을까? 쓸데없고 어리석은 질문 같지만 나는 대답할 것이다. 이 가르침이 내가 성공할지 실패할지, 행복해질지 불행해질지를 결정할 수 있다고!

〈성공하는 사람들의 이유〉, 1919년 12월.

12

바라는 것은
꿈에서까지 욕망하라

욕망

모든 평범한 마음에는 천재성이 잠든 채 누워 있다. 이 천재성은 강력한 욕망이 자신을 슬며시 깨워 실제로 발휘되기만을 기다리고 있다.

슬픔에 찬 형제여, 잘 들어라. 성공의 빛으로 이어지는 길을 찾아 실패의 어둠을 헤매고 있는 당신에게도 희망은 있다.

당신이 지금껏 얼마나 많은 실패를 겪고 얼마나 깊은 구렁텅이에 빠졌는지는 중요하지 않다. 얼마든지 다시 일어설 수 있기 때문이다. 기회는 단 한 번만 찾아온다는 말은 단단히 잘못됐다. 기회는 밤낮으로 당신의 문 앞에 서 있다. 문을 두드리거나 부숴 모습을 드러내지는 않아도 어쨌든 기회는 항상 그 자리에 존재한다.

만약 실패 뒤에 또 실패를 겪는다면 어떨까? 모든 실패는 결국 전화위복이 돼 당신을 단련시키고 인생의 다음 시험에 대비할 수 있게 한다. 아직 실패를 겪은 적이 없다면 당신을 불쌍히 여길 수밖에 없다. 자연이 선사하는 진정 위대한 가르침을 놓친 셈이니 말이다.

만약 과거에 실수한 적이 있다면 어떨까? 실수를 하지 않는 사람은 없다. 한 번도 실수한 적이 없다면 가치 있는 일 또한 한 번도 하지 않은 자일 것이다.

현재 당신이 있는 곳에서 당신이 원하는 곳에 닿으려면 한 번의 도약으로 충분하다. 어쩌면 당신도 다른 이들처럼 습관의 희생양이 돼 평범한 삶이라는 수렁에 빠져 있을지도 모른다. 하지만 용기를 내기 바란다. 탈출구는 존재한다!

또 어쩌면 재물이 이미 당신을 지나쳐 갔고 가난이

당신을 붙잡고 있을지도 모른다. 하지만 용기를 내기 바란다. 행복과 마음의 평화로 닿는 길은 존재하며 그 길을 당신을 위해 현명하게 활용할 수도 있다. 심지어 그 길이 그려진 지도가 너무나 간단해서 정말 그 길을 따라가는 것이 맞는지 진지하게 의심할 수도 하다. 하지만 마음의 평화로 향하는 길을 따르면 반드시 보답받을 것이다.

인간의 성공은 모두 욕망에서 비롯된다! 인간의 마음은 너무나 강력해 어떤 상황에서든 당신이 간절히 바라는 재물과 지위, 당신에게 필요한 우정, 성공을 위한 자질을 만들어 낼 수 있다.

'소망'과 '욕망'은 서로 다르다. 소망은 우리가 바라는 무언가의 씨앗이나 맹아에 불과하다. 반면 강렬한 욕망은 우리가 원하는 바의 맹아이면서 나아가 성장과 발달을 책임질 비옥한 토양이자 햇볕이며 빗물과도 같다.

강렬한 욕망은 우리 머릿속에 잠들어 있는 천재성을 깨워 본격적으로 활동하게 만드는 신비로운 힘이다.

욕망은 인간의 노력이라는 보일러에 불길을 일으키고 증기를 생성해 행동을 이끌어 낸다.

욕망을 일으키고 작동시키는 계기에는 여러 가지가 있다. 때로는 친구나 가족의 죽음이, 때로는 경제적인 어려움이 계기로 작용한다. 좌절, 비애, 역경은 언제나 인간의 마음을 자극해 전혀 새로운 경로로 움직이게 한다.

실패는 더 원대한 꿈을 실행하기 위한 일시적인 상황에 불과하다. 이 사실을 이해하면 맑은 날에 당연히 푸른 하늘이 보이듯 실패가 당연히 축복으로 돌아오리라는 사실도 깨달을 수 있다. 같은 관점에서 역경과 실패를 바라볼 때 당신은 지구상에서 가장 큰 힘을 가지며 그때부터는 실패가 당신을 몰락시키지 못하고 오히려 실패를 통해 많은 것을 얻기 시작할 것이다.

당신의 인생에 행복한 하루가 다가오고 있다! 그날은 당신이 성취하고자 하는 모든 것이 타인이 아니라 당신 자신에게 달려 있음을 알게 될 때 비로소 도래한다. 이 새로운 하루가 오기 전에 당신은 먼저 욕망의 힘을 깨달을 것이다. 그리고 그날은 돈, 사랑, 봉사의 기쁨, 최고의 목표인 마음의 평화에 이르기까지 무엇이든 당신이 가장 바라는 것으로 가득 채워질 것이다.

인생에서 어떤 지위에 도달하고 싶다면 오늘부터 당장 억누를 수 없을 정도로 강력한 욕망을 만들어 보라. 그 욕망을 충만하고 완전하게 만들어 그것이 당신의 생각 대부분을 흡수하게 하라. 깨어 있는 동안에는 그 욕망을 끊임없이 생각하고 자는 동안에는 그 욕망에 관한 꿈을 꿔라. 시간이 남을 때마다 그 욕망에 집중하라. 종이에 그 욕망을 적어 눈에 띄는 곳에 둬라. 그리고 그것이 실현되도록 모든 노력을 기울여라. 그럼 마치 요술 지팡이에 반응한 것처럼 구체화된 당신의 욕망이 모습을 드러낼 것이다.

모든 성공의 출발점은 욕망이다. 이 사실을 끊임없이 마음에 새겨라. 작은 불이 많은 열을 내뿜지 못하듯 욕망이 약하면 그에 따른 결과도 미미하다.

〈욕망〉, 1919년 9월.

13

믿음이
조건을 이긴다

자기 확신

텍사스주 위치토폴스에서 다리가 하나뿐인 사람이 인도에 앉아 동냥하는 모습을 본 적이 있다. 이야기를 주고받다 보니 그가 꽤 교육받은 사람이라는 사실이 드러났다. 그는 아무도 자기에게 일자리를 주려고 하지 않아 구걸을 하고 있다고 말했다.

"세상은 저를 외면했고 저는 제 자신에 대한 확신을 잃었어요."

확실히 문제가 있었다. 내 사무실 맞은편에도 다리가 하나뿐인 사람이 있다. 그와 알고 지낸 지 수년이 지났으며 그의 교육 수준이 그리 높지 않다는 사실도 알고 있다. 내가 만난 이 걸인보다도 교육을 덜 받았을 것이다. 하지만 그는 한 달에 1,000달러를 번다. 제조 회사의 세일즈 매니저로서 직원 50명을 관리한다.

걸인은 자신에게 도움이 필요하다는 증거로 다리가 절단되고 남은 부위를 보여 줬다. 하지만 세일즈 매니저는 다리가 절단된 부위를 숨겨 괜한 주의를 끌지 않는다.

두 사람에게는 그저 관점의 차이만 있을 뿐이다. 둘 중 하나는 자신을 믿지만 다른 하나는 그렇지 않다. 스스로를 믿는 쪽은 나머지 한쪽 다리와 두 팔을 다 잃어도 여전히 매달 1,000달러를 벌 것이며 두 눈까지 잃더라도 계속 그만큼 돈을 벌 수 있을 것이다. 사업가 마일로 존스도 거의 모든 근육이 마비돼 침대에서 혼자 힘으로 몸을 뒤집지 못할 정도였지만 소시지 사업을 성공시켜 부자가 됐다.

당신이 스스로를 외면하기 전까지 세상은 당신을 절

대 외면하지 않는다. 당신이 스스로에 대한 믿음을 잃지 않는 한, 당신의 멋진 마음이 계속해서 제 기능을 다하는 한, 적법한 일을 하면서 좌절할 일은 없을 것이다. 이 문장은 정말로 예외 없는 진실이다.

　당신이 하고 있는 일과 당신이 하고 싶은 일에 대해 강력한 믿음이 있다면 극복하지 못할 역경은 없다.

〈두 명의 외다리!〉, 1920년 2월.

14

행복의 재료는
내 안에 있다

본질

우리는 오늘날 기독교인이 두 부류로 나뉜다는 것을 깨달았다. 바로 진짜 기독교인과 가짜 기독교인이다. 후자는 편협하고 독재를 원한다. 결코 용서하지 않으며 남의 잘못을 두고두고 담아 둔다. 자신과 의견이 다른 모든 이를 비난하기도 한다. 반면 진짜 기독교인은 자신에게 상처를 주고 잘못을 저지른 이들에게 이렇게 말한다.

"아버지여, 저들을 용서하소서. 저들은 자기가 하는 일을 알지 못하옵니다."

우리는 또 교회에 다니는 사람이 반드시 진정한 기독교인은 아니라는 것과 교회에 다니지 않는 사람이 반드시 이교도는 아니라는 것을 깨달았다.

논란의 중심이 되는 정치적·종교적 주제를 두고 논쟁에 참여하거나 독자의 신념을 억지로 바꾸려 드는 일은 본 잡지의 정책과 어긋난다. 이를 감안하면 이 글의 주제에 대해 우리가 쭉 관심을 갖고 숙고했다는 뜻이기도 하다.

이 잡지를 만드는 우리의 목적은 항상 우리 앞에 놓여 있다. 이 목적이란 우리가 깨달은 가르침을 독자도 깨닫게 하는 것이다. 다시 말해 다른 사람이 행복을 찾도록 도와야만 자신도 행복을 찾을 수 있다는 사실을 알리는 것이다. 신이 내려 준 힘인 우리의 마음을 잘 계발하고 현명하게 통제하는 자라면 누구나 행복에 이를 수 있다.

우리는 이 지면에서 당신이 갖고 있지 않은 것을 다

루지 않는다. 하지만 수천 가지의 사례를 통해 우리가 느낀 점은 사람들이 이미 갖고 있는 것의 본질을 찾도록 도와야 하며 자신은 물론이고 함께 살아가는 주변 사람들이 뒤처지지 않도록 갖고 있는 것을 현명하게 다루는 방법도 보여 줘야 한다는 것이다.

충분한 확신을 갖고 그 믿음에 따라 행동하기만 한다면 당신은 원하는 대로 무엇이든 될 수 있다.

〈진짜 기독교인과 가짜 기독교인〉, 1920년 5월.

15

신은 스스로
생각하는 자를 돕는다

자주성

　인간은 시각, 청각, 후각, 미각, 촉각이라는 5가지 감
각으로 세상을 인식하고 이를 근거로 나름의 추론을
한다. 이를 막는 영향력은 나쁜 영향력이며 인류의 진
보를 방해하는 존재다.

　인간에게는 자주적으로 생각할 권리가 있다. 인류는
이런 권리를 부정하는 독단적인 교리와 신조의 족쇄
를 빠르게 끊어 내고 있다. 믿기지 않는다면 한때 교
회를 다니다가 지금은 다니지 않는 주변 사람들을 직

접 조사해 보라. 그중 일부를 인터뷰해서 왜 더 이상 교회에 나가지 않는지 알아보자. 아마 대부분 응하지 않겠지만 용기 있는 몇몇은 솔직하게 답변할 것이다.

그들이 신앙생활을 포기한 이유는 간단하다. 교회가 요구하는 모든 신조를 받아들이기 어려웠고 그렇다고 위선자가 되고 싶지는 않았기 때문이다. 인류의 마음은 계발, 훈련, 성장에 열려 있어야 한다. 이를 부정하면 자연의 법칙을 거스르는 것이며 결과적으로 실패할 수밖에 없다.

신에게 정말로 비밀이랄 것이 있다고 해도 우리가 특별히 신의 비밀을 꿰뚫어 보고 있는 것은 아니다. 다만 우리가 신에 대해 확고하게 갖는 생각은 있다. 신이 인간을 창조하면서 인간 사이에 복종의 관계가 생기기를 원하지는 않았으리라는 것 혹은 한 인간이 타인을 지옥 불로 위협하며 두려움을 일으키는 모습을 바라지는 않았으리라는 것이다. 당신이 믿는 신이 인간의 무지와 나약함을 벌하겠다며 인간을 불태우고 영원히 고문한다면 우리는 그런 신을 숭배할 수 없다.

우리의 신은 인류를 사랑한다! 우리의 신이 인간에

게 내리도록 허용한 유일한 형벌은 우리가 의도해서든
아니든 직접 행동해 스스로에게 가하는 형벌뿐이다.
우리의 신은 자식의 마음에 두려움을 선사하지 않는
다. 다른 누군가가 그렇게 하는 것도 허락하지 않는다.
우리의 신이 이 땅에 우리를 내린 것은 벌하고 속이고
헐뜯고 괴롭히기 위해서가 아니라 형제애의 손을 뻗쳐
삶의 여정이 최대한 즐거워지게 하기 위해서다.

당신도 우리의 신을 사랑해 줬으면 한다. 당신의 신
이 우리의 신만큼 친절하지 않다면 우리가 당신의 신
을 사랑하기는 불가능하기 때문이다. 우리는 무자비
한 신을 사랑할 수 없다. 풀잎과 돌멩이, 흐르는 시냇
물, 나무와 꽃, 새, 그리고 인간에게서 볼 수 있는 신의
육필을 읽으면 안 된다고 가르치는 신 또한 사랑할 수
없다. 당신의 신이 당신의 친구들로부터 스스로 생각
할 수 있는 권리를 빼앗으라고 가르친다면 우리는 그
신을 받아들일 수 없다.

우리는 당신의 신이 우리의 신과 같기를 바란다. 우
리는 인간의 마음이 무엇인지는 모른다. 하지만 인간
의 마음이 모든 신체 동작을 일으키는 원인이며 다른

어떤 형태로도 존재하지 않는 놀라운 힘이라는 것을 알고 있다.

우리는 인간의 마음이 상상할 수 있는 거의 모든 삶의 조건을 만들어 낸다는 사실도 안다. 그러므로 우리는 에테르는 물론이고 이 세상과 그 안에 존재하는 모든 것에 구석구석 닿아 있는 신성한 불꽃이 인간의 마음에도 어느 정도 녹아 있다고 간주할 수 있다.

마음속에 당신이 원하는 그림을 그려 보라. 그림이 지워지지 않게 잘 지키면서 더 구체적인 형태로 탈바꿈시키기 위해 최대한의 노력을 기울인다면 당신이 원하는 것을 얻을 수 있게 신이 도와 줄 것이다. 이 원칙에 오류는 없다. 그러나 스스로 생각하는 법을 배우지 못한 사람이라면 이 원칙을 믿지도 않을 테고 활용하려는 시도조차 못할 것이다.

인간을 가둘 수 있는 것은 감옥만이 아니다. 사실 감옥의 안보다 밖에서 더 지독한 속박을 경험할 수도 있다. 진짜 감옥에 갇힌 수감자라고 할지라도 자신의 오감을 따라 스스로 생각하는 천부적인 권리를 누릴 수 있다. 그에 비해 미신이나 잘못된 가르침, 독단적인 교리와 신조 등에 의해 자주적으로 생각하지 못하는 사람은 훨씬 가혹한 감옥에 갇힌 셈이다.

우리가 세상을 떠났을 때 어떤 일이 벌어질지는 아무도 모른다. 하지만 이렇게 추측할 수는 있겠다. 만약 신이 정말로 인간의 잘못을 벌한다면 타인의 마음에 두려움을 일으키거나 타인이 주체적으로 생각하지 못하게 막는 사람을 가만두지 않을 것이라고 말이다.

당신의 교회를 이 땅의 소금과 훌륭한 인간성으로 채우고 싶다면 신이 가난하고 약한 인간을 꺼지지 않는 불길로 벌한다는 허튼소리는 멈추고 응용 심리학을 가르쳐라. 당신을 따르는 자들에게 신이 내려 준 귀중한 선물이 있다는 사실도 가르쳐라. 그것은 바로 인간의 마음이며 이를 통해 지구상에 그들이 바라는 어떠한 환경이든 만들어 낼 수 있다. 마음에 자리한 어떤 개념, 생각, 발상, 그리고 이것들의 조합이 결국 구체적인 형태를 띠기 시작하리라는 것도 가르쳐라.

신이 그들의 가슴과 머릿속에 멋진 작업장을 지어 줬다는 것도 가르쳐라. 이 작업장은 훌륭한 건축가 역할을 맡아 인간이 세우고 싶어 하는 모든 것을 만들어

준다. 신이 의도한 바는 작업장을 잘 활용하고 점점 더 높은 차원으로 개발해 인류가 동물 수준의 진화 단계에서 완전히 벗어나는 것이다.

이 내용을 처음으로 실천하는 목사는 그간 교회에 나오지 않던 사람을 모두 수용하기 위해 신도석을 새로 깔아야 할 것이다. 그리고 이 땅에서 이뤄지는 사업과 사람 사이의 관계에 모두 적용 가능한 황금률을 설교한다면 열정 넘치는 신도들이 교회를 넘치도록 채울 것이다.

공포를 설파하지 마라! 결코 바람직하지 않은 일이다. 우리는 스스로의 힘으로 생각하기 시작했으며 공포에 기반한 당신의 교리는 우리가 주체적으로 추론한 바와 일치하지 않는다.

인류가 진화하는 과정에서 인간이 가진 동물적인 기질을 억누르기 위해 공포가 중요한 역할을 하던 시기가 있었을지도 모른다. 그렇다면 그 시기에 인간은 분명 이성적으로 생각하지도 못하고 원인에서 결과를 추론하지도 못했을 것이다. 그리고 그 시기는 문명화

된 인류가 석기 시대를 벗어나기 직전이었을 것이다. 그러니 공포가 인류의 진화에 도움 됐을 수도 있겠다.

하지만 그 당시 공포가 필요했다고 해도 지금은 전혀 필요하지 않다. 시간이 흐르면서 인간의 마음은 더 부드러워졌고 폭력성도 누그러졌다. 이제 우리는 스스로를 억누르면서 산다. 자제할수록 더 큰 힘과 행복을 누릴 수 있다는 사실을 깨닫기 시작했기 때문이다.

만약 어떤 신문 기자가 당신에게 목회 활동을 제안한다면 어떻겠는가? 사람들에게 지금 당장 이 땅에서 행복하게 지내는 법을 보여 줄 수 있는 꽤 좋은 기회라고 생각하지 않는가? 앞으로 다가올 세상에서 이들의 영혼을 어떻게 구원할지 보여 주는 데 모든 에너지를 쏟는 대신 말이다.

잘 생각해 보라. 더 심사숙고해 보라. 당신을 따르는 사람들이 인간관계에 필요한 황금률을 활용하도록 인도한다면 그들에게 해를 끼칠 일은 결코 있을 수 없다. 아마 이들에게 많은 도움이 되지 않을까?

〈자유로운 사고와 인간의 마음〉, 1919년 8월.

16

건설적인 생각에
힘을 실어라

자질

인간의 마음은 여러 자질과 성향이 모인 집합체다. 이를테면 좋고 싫음, 낙관주의와 비관주의, 증오와 사랑, 건설적 성향과 파괴적 성향, 친절함과 잔혹함이 함께 존재한다. 그뿐만 아니라 더 많은 자질이 인간의 마음을 구성한다. 이 모든 것이 혼재하되 어떤 자질이 더 지배적인지는 사람마다 다르다.

지배적인 자질을 좌우하는 요소로는 그 사람이 처한 환경이나 교육 수준, 동료가 있으며 특히 자기 자신의 생각이 가장 중요하다. 마음속에 오랫동안 머물러 있는 생각, 집중해서 떠올리는 생각, 명확히 의식할 수 있는 생각은 종종 그것과 비슷한 자질을 끌어당긴다.

생각은 땅속에 심은 씨앗과 같다. 이내 동종의 작물이 성장하고 증식해 수확에 이르게 된다. 그러므로 파괴적인 생각을 마음에 품는 것은 위험하다. 이런 생각은 머지않아 실제 행동으로 이어지기 마련이다.

자기 암시의 원칙에 의해 마음속에 자리한 생각이나 집중해 떠올린 생각은 이내 행동으로 실현되기 시작할 것이다. 만약 자기 암시의 원칙이 보편적으로 받아들여지고 학교에서도 가르치는 내용이 된다면 적어도 20년 안에 세상의 도덕규범과 경제 기준이 송두리째 바뀔지도 모른다.

자기 암시의 원칙에 의하면 건설적인 생각을 꾸준히 이어 감으로써 우리의 마음에서 파괴적인 성향을 제거할 수 있다. 인간의 마음속 자질을 유지하기 위해서는 영양분을 공급하고 소비하기 위한 햇살이 필요하다. 영양분 공급과 소비의 법칙은 태어나고 자라는 우주의 모든 존재에게 적용된다. 이 법칙은 어떤 생명체든 영양분을 공급받지 못하거나 소비하지 못하면 죽는다는 의미를 갖고 있으며 이미 언급한 인간 마음의 자질도 예외가 아니다.

마음의 자질을 계발하는 유일한 방법은 그 자질을 집중해 떠올리고 사용하는 것이다. 사악한 자질도 사용하지 않고 내버려 두면 굶주려 죽는 법이다.

인간의 마음에서 오컬티즘의 냄새를 맡기란 불가능하다. 인간의 마음은 물리 법칙이나 경제 원칙과 조화를 이루며 작동한다. 당신의 마음을 원하는 대로 움직이는 데 타인의 도움은 전혀 필요하지 않다. 현재 어떤 상황에 있든지 당신은 당신의 마음을 얼마든지 통제할 수 있다. 단, 타인이 당신의 마음을 조종하게 내버려 두지 않고 오로지 당신만이 그 힘을 행사해야 한다.

당신의 마음이 가진 힘에 대해 알기 바란다. 그 힘은 두려움이라는 저주에서 당신을 해방시킬 것이며 당신의 삶을 영감과 용기, 행복으로 가득 채워 줄 것이다. 성공은 성공을 의식하는 사람에게 찾아온다.

〈당신의 훌륭한 마음을 활용하는 방법〉, 1919년 10월.

17

되고자 하는
이상을 세워라

---------------------------- **자기 암시** ----------------------------

태어날 때 마음은 텅 빈 상태다. 아무것도 채워지지 않은 거대한 저장고와 같다. 이 저장고는 시각, 청각, 미각, 후각, 촉각이라는 5가지 감각을 통해 채워진다.

12세 이전에 저장고로 들어온 감각적 인상들은 좋은 것이든 나쁜 것이든 평생에 걸쳐 유지되는 경향이 있다. 어린 아이의 젊고 유연한 마음에 박힌 이상과 신념은 아이의 일부가 돼 죽을 때까지 함께한다.

아이의 마음에 커다란 감명을 주는 인상을 심을 수

도 있다. 그렇게 박힌 이상은 아이의 일생 동안 윤리적 행동의 길잡이가 돼 준다. 12세에서 14세 이전에는 마음속에 성격을 아주 철저히 구축할 수 있으며 이렇게 형성된 성격을 아이가 자라서 외면하고 어긋나기란 사실상 불가능하다.

마음은 크고 비옥한 들판을 닮았다. 씨앗을 뿌리면 그것이 자라 수확물이 되기 때문이다. 마음속에 생각이 단단히 자리 잡으면 결국 뿌리를 내리고 성장해 그 생각에서 비롯한 실제 행동으로 이어진다. 그리고 비옥하지만 경작되지 않은 토양에서는 잡초가 돋아나듯 마음속에 건설적인 생각을 심지 않으면 파괴적인 생각이 틈을 비집고 돋아날 것이다.

마음은 가만히 있을 때가 없다. 언제나 무언가를 만들어 내기 위해 노력 중이다. 아주 당연히도 우리가 주변 환경과 상호작용하고, 사람들과 관계를 맺고, 무언가를 보고 듣는 동안 마음속으로 들어오는 모든 것을 처리하느라 바쁘다.

마음에 관한 아주 강력한 원칙 중에 자기 암시라는

것이 있다. 이 원칙으로 우리는 끊임없이 마음에 생각을 심을 수 있다. 결국 그 생각이 실제로 우리의 일부가 돼 행동을 좌우할 때까지 집중을 유지할 수 있다.

인간 마음의 또 다른 특징은 마치 자석 같은 성질이 있어 나와 비슷하게 생각하고 행동하는 사람을 끌어당긴다는 점이다. 인간의 마음은 조화롭게 어울릴 수 있는 마음을 찾아 친밀감을 형성하려는 성향이 강하다. 우주에는 '유유상종'이라는 말이 들어맞는 법칙이 있다. 한 사람의 마음이 조화를 이루는 다른 마음을 끌어당기는 것만 봐도 이 법칙이 작용한다는 사실을 쉽게 확인할 수 있다.

만약 이 법칙이 진실이고 우리가 그 사실을 알고 있다면 당신 역시 이 법칙의 힘이 얼마나 강력한지, 이 법칙을 적절하게 활용하면 얼마나 큰 도움이 될지 틀림없이 알게 되지 않을까?

인간의 마음은 물이 수평을 이루듯 당연하게 가장 적절한 수준을 추구하며 이 수준에 도달하기 전까지 만족하지 않는다. 이를테면 문학적인 취향이 확고한 사람은 그와 비슷한 취향을 지닌 사람과 친하게 지내기 마련이다. 마찬가지로 부유한 사람은 부유한 사람과 가까워지고 가난한 사람은 가난한 사람과 가까워진다.

이 법칙이 없다면 인간의 신체는 결코 성숙해지지 못할 것이다. 성장에 필요한 음식과 영양분이 절대 알맞게 공급될 수 없기 때문이다. 즉 이 법칙이 없다면 손톱이 자라는 데 필요한 영양분이 예를 들면 모근처럼 그것을 필요로 하지 않는 다른 부위로 분배되고 말 것이다. 지구는 물론이고 우주의 모든 행성이 제 궤도를 유지하게 하는 중력의 법칙만큼이나 이 법칙도 절대 불변이라 할 수 있다.

친구들을 한번 살펴보라. 친구들이 자랑스럽지 않다면 당신도 딱히 당당할 것이 없다. 당신이 그들을 끌어당긴 자석이기 때문이다. 당신 마음의 색깔과 성질은 당신의 마음과 조화를 이룰 만한 타인의 마음을 찾아 가까이 끌어당긴다. 당신 주변에 모인 사람이 마음에 들지 않는다면 그들을 끌어당긴 자석 자체를 바꾼 뒤 다른 친구들을 찾아야 한다.

최고 수준의 사람들을 끌어당길 수 있도록 당신의 마음을 바꾸고 싶다면 확실한 방법이 하나 있다. 당신이 가장 존경하는 사람을 거울삼아 마음속에 이상을 세우면 된다. 이 방법은 아주 간단하면서도 효과적이다. 심지어 마음속에 이상을 세우는 데 여러 사람의 성격을 이용해도 좋다. 그렇게 이상을 세우고 나면 그것에 어울리는 사람들을 끌어당길 수 있다.

예를 들어 조지 워싱턴에게서 가장 존경하는 점을 꼽고, 링컨에게서도 가장 존경하는 점을 꼽고, 마찬가지로 토머스 제퍼슨과 에머슨, 그리고 다른 누구에게서든 당신이 가장 높이 평가하는 점을 꼽아 정리해 보라. 이렇게 모은 자질을 조합해 이상을 세우면 된다.

즉 그 자질을 모두 갖추는 한편 이상에 어긋나는 생각과 행동은 허용하지 않는 것이다. 그럼 당신이 그 이상에 부합하는 사람이 되고 있다는 것을 느끼기 시작할 것이다. 더 중요한 점은 당신의 이상과 어울리는 사람들이 당신에게 이끌리기 시작하리라는 것이다.

이 방법은 이론에 불과한 것이 아니다. 직접 활용해 효과를 봤기 때문에 나는 이 방법이 유용하다는 사실을 잘 알고 있다. 일단 마음속에 재료를 모아 두면 보이지 않는 위대한 연금술사가 나타나 연성해 준다. 말하자면 당신이 제공한 재료의 특성에 정확히 들어맞는 특징과 인격을 만들어 주는 것이다.

이제 당신도 재료를 모으는 방법을 안다! 당신은 정확히 당신이 바라는 존재가 되는 법을 알고 있다. 나는 이 방법의 효과에 대해 전적으로 책임을 질 준비가 돼 있다. 당신은 물론이고 이 과정을 믿지 않는 자도 짧으면 몇 시간, 길면 몇 달 내에 효과를 확인할 수 있다. 당신이 이상을 세우는 작업에 얼마나 집중하는지, 당신이 세우고자 하는 이상과 되고자 하는 사람을 얼마나 명확히 그리는지에 따라 기간이 달라진다.

이것이 바로 자기 암시다. 자기 암시의 원칙을 통해 당신은 원하는 대로 당신을 만들어 낼 수 있다. 게다가 수많은 사람이 마땅히 누려야 할 즐겁고 행복한 인생을 방해하는 부정적인 요소들을 억누를 수도 있다. 낙담, 걱정, 두려움, 증오, 분노, 방종 같은 것들 말이다. 이 부정적인 자질들은 비옥한 토양이 제대로 관리되고 경작되지 않을 때 싹트는 잡초와 같다.

당신이 지금 읽고 있는 원칙은 새로운 종교나 일시

적 유행이 아니며 불안정하고 광신적인 마음이 폭발해 나온 결과도 아니다. 이 원칙은 심리학 교수라면 누구나 동의할 만한 과학적이고 타당한 사실이다.

여기서 소개한 원칙들은 인간 마음에 관한 여러 기본적인 원칙 중 일부일 뿐이며 학생들도 이해할 수 있을 정도로 최대한 쉽게 설명돼 있다. 당신이 머릿속에 갖고 다니는 멋진 기계를 더 자세히 알아보고 싶다면 도서관이나 서점에 가서 응용 심리학을 다룬 책들을 찾아보기 바란다.

인간에게 진정으로 가치 있는 것은 마음뿐이다! 우리의 낡은 육체는 그리 중요하지 않다. 육체는 마음이 작동하는 바탕에 불과하다. 마음이 지시하지 않으면 육체는 한 치도 움직일 수 없다. 자기 자신을 이해하고 싶다면 먼저 무엇이든 마음에 관해 배워야 한다. 당신의 마음을 깊게 파악하고 나면 다른 사람의 마음 또한 잘 알 수 있다. 인간의 마음은 모두 정확히 같은 방식으로 동작하기 때문이다.

〈인간 마음에 대한 짧은 이야기〉, 1920년 4월.

18

당신은 열정을
전파하는 사람인가?

─────── **열정** ───────

열정에는 전염성이 있다. 열정을 제어할 줄 아는 사람은 대개 어떤 무리에서든 환영받는다.

열정은 아주 바람직한 자질이다. 다른 사람들을 끌어당기고 그들의 협력을 이끌어 낸다.

열정은 머릿속에 잠들어 있는 힘을 자극해 깨우고 행동으로 옮기는 불꽃이다.

열정은 게으름과 미루는 습관을 치료하는 확실한 해독제다.

열정은 당신의 정신적 기계를 움직이는 가장 큰 원동력이다.

열정은 낙담을 극복하게 하고 희망, 용기, 자신감을 만들어 낸다.

열정은 당신이라는 존재를 일깨워 꿈이 현실이 되게 한다. 하고 있는 일에 열정이 없다면 그 일을 사랑하지 않는 것이며 당신과 맞지 않는 일을 하느라 애쓰고 있다는 뜻이다.

열정은 전염된다. 열정은 당신도 모르는 새에 주변 사람들에게 전파돼 그들이 당신처럼 생각하고 행동하도록 자극한다.

열정적인 사람이 정의감에 불타기까지 한다면 어떤 기업, 조직, 가족, 공동체에서든 귀중한 인재로 대접받기 마련이다.

당신은 열정적인 사람인가?

〈열정〉, 1920년 2월.

19

내가 가진 결점으로
눈을 돌려라

결점

인간이 저지르는 굉장히 흔한 실수 중 하나는 성공하지 못하는 이유를 대기 위해 변명거리를 찾고 구실을 꾸미는 것이다. 성공하지 못하는 이유를 찾기 알맞은 곳은 가장 가까이 있는 거울이다. 하지만 보편적으로 인간은 그곳이 아닌 다른 곳만을 골라 다니며 변명거리를 찾는다.

지난해까지만 해도 우리 직원 중에는 달성하지 못한 일들에 대해 항상 변명을 늘어놓는 사람이 있었다. 그

자는 더 이상 우리와 함께하지 않는다. 그는 온 인류의 98퍼센트에 해당하는 수많은 사람, 즉 성공하지 못하는 사람의 대열에 휩쓸리고 말았다.

물론 그는 자신에게 아무런 문제가 없었다고 믿고 있을 것이다. 그러나 문제는 이 잡지를 만드는 우리가 그 같은 동료를 결코 높이 평가하지 않는다는 점이다.

용기 있는 사람, 마음이 넓은 사람, 정직한 사람은 자기 자신을 똑바로 바라보며 이렇게 말할 수 있다.

"지금 나와 성공 사이를 가로막는 자가 눈앞에 보인다. 내가 지나갈 수 있게 비켜!"

이런 사람은 쉽게 찾을 수 없다. 하지만 이런 사람을 찾는다면 그는 분명 가치 있는 일을 하며 세상이 더 나아지도록 기여하고 있을 것이다.

다른 사람의 실패나 가난을 두고 비난을 퍼부으면 어느 정도 만족감이야 들 수 있겠지만 이렇게 살아서는 결코 더 나은 삶을 영위할 수 없다. 나는 이 사실을 누구보다 잘 알고 있다. 오랫동안 그렇게 살아 봤더니 정말 내 인생에 도움이 안 된다는 사실을 깨달았기 때문이다.

사업의 세계에서 나와 꽤 가까이서 일하는 친한 동료 한 명이 떠오른다. 나는 그를 충분히 잘 알기에 내가 보는 그의 주된 결점들을 얼마든지 말해 줄 수 있다고 생각한다. 하지만 아직까지 그는 내가 그에게서 찾은 결점 하나하나에 대응할 내 결점을 찾아 내게 돌려줄 뿐이다.

물론 그가 옳을 수도 있다. 어쩌면 그보다 내가 더 결점이 많을지도 모른다. 하지만 여기서 당신이 기억하고 활용했으면 하는 핵심은 다음과 같다. 그자가 내게서나 다른 사람에게서 어떤 결점을 찾아내든 그자가 앞으로 성공할지 실패할지는 결국 그의 힘에 달렸다. 핑계 대기를 멈추고 자신을 똑바로 바라보며 인격을 함양하지 않으면 그 역시 여느 변명꾼처럼 실패 더미에 처박히고 말 것이다.

누구나 칭찬받기를 좋아하지만 자신의 잘못에 대해 진실을 듣고 싶어 하지는 않는다. 약간의 아첨은 우리가 더 많은 일을 할 수 있게 하는 원동력으로서 매우 훌륭하다. 하지만 너무 많은 아첨은 우리를 타성에 빠뜨린다.

만약 내게 적이 없다면 밖에 나가 아무나 붙잡고 눈을 찔러서라도 적을 만들어야 한다. 왜냐하면 내게는 내 에너지를 유지시킬 사람, 내가 자기만족에 빠지지 않게 막아 줄 사람, 나를 수세로 몰아넣을 사람이 필요하기 때문이다. 내 자신을 지킬 때 나는 더 강해지고, 전략적인 능력을 발달시키며, 전투태세를 유지해 만약의 사태에 대비하게 된다.

다른 사람의 결점을 찾는 데 시간을 써 봐야 아무런 도움이 되지 않는다. 그 대상은 이를테면 당신이 싫어하는 사람, 너무 오만해 당신의 결점을 지적했던 사람, 인생이라는 게임에서 당신보다 앞서 있던 사람, 당신이 실패에 허덕일 때 승승장구하던 사람일 것이다. 당연히 그들에게도 결점이 있다. 하지만 그들에게 결점이 있다는 증거를 찾으려 노력해 봐야 시간 낭비일 뿐이다. 증거를 찾아도 활용할 수 없기 때문이다. 차라리 당신 스스로를 돌아보며 그동안 성공하지 못한 이유를 찾고 지적당한 결점을 극복할 수 있는 방법을 알아내는 데 시간을 쓰는 것이 더 바람직하다.

물론 이 과정은 당신의 너그러운 친구들이 해 주는 칭찬처럼 달콤하지는 않다. 하지만 장기적으로는 당신이 성공에 이르고 마음의 평화를 찾는 데 훨씬 도움이 될 것이다.

〈변명꾼〉, 1920년 4월.

20

결점 1가지에
훌륭한 점 수천 가지

숭고함

한 사람에게 마음이 넓다고 말해 주는 것은 어마어
마한 칭찬이다. 반대로 한 사람에게 마음이 좁다고 말
하는 것은 아주 심각한 비판이다. 음악, 문학, 공학, 장
사, 경영, 통솔력 등에 대한 재능은 선천적으로 주어져
변하지 않는 것이며 칭찬이나 비판을 할 만한 대상이
아니다. 칭찬과 비판은 마음의 넓고 좁음이 의지의 문
제이며 누구든 의지만 있다면 넓은 마음을 가질 수 있
다는 것을 보여 주는 보편적인 증거다.

'마음이 넓다'는 말의 진정한 의미는 다음과 같다. 작은 근거로 내린 결론에도 마음을 열어 두고, 편견에 영향받지 않고, 누구든 일단 믿어 주고, 사람과 사물의 좋은 점을 보고, 상황을 적당히 감안하는 것이다.

'마음이 좁다'는 말의 의미는 정반대를 떠올리면 된다. 편견에 따라 마음을 정하고, 사람이나 사물의 좋은 면은 몰라보고 악한 면만 찾고, 가능성의 싹이 결코 무르익지 못하도록 하고, 새로운 것이 나오면 낡은 기준으로 판단하거나 지레짐작하고, 자신과 다른 의견은 듣고 싶어 하지 않는 것이다.

주로 어떤 마음가짐으로 인생을 살아갈지는 누구나 자유롭게 선택할 수 있다. 어떤 책을 읽을지, 피아노의 어떤 건반을 누를지, 저녁으로 무엇을 먹을지 선택하는 것과 별반 다르지 않다.

너의 모든 결점에도 나는 너를 사랑한다.

이렇게 노래한 시인 윌리엄 쿠퍼를 우리는 감상적이라고 여긴다. 누구나 처음에는 이렇게 생각하기 마련이지만 다시 생각해 보면 마음이 바뀐다. 인간 본성에서 결점이라 할 만한 것은 극히 일부에 불과하며 대부분은 아주 멋지고 아름다워 사람들에게 감탄과 사랑을 불러일으킨다는 사실을 깨닫게 되는 것이다. 인간은 수많은 결점을 갖고 있지만 그럼에도 인간보다 더 흥미로운 존재는 없다. 어떠한 결점이 있든 저마다 훌륭한 점이 수천 가지는 더 존재하기 때문이다.

시인은 진리를 바라보는 숭고한 비전에 영감을 받았으니 사랑 말고 무엇을 더 할 수 있겠는가? 시인의 두 눈이 높이 올라 생각이 훨훨 날아갈 때면 그의 영혼은 어느 때보다 큰 목소리로 외친다.

인간이란 얼마나 위대한 작품인가!

시인은 하나하나의 순간에 새롭게 감동하고 하나하나의 생각에 사랑이 불타오른다.

고대 라틴인들은 '나쁘다', '더 나쁘다', '가장 나쁘다'를 '말루스(malus)', '페요르(pejor)', '페시무스(pessimus)'

라고 표현했다. 최상급인 페시무스는 세 음절로 발음한다. 그 소리가 가장 큰 비통함을 표현하기에 너무나 적절했기에 우리는 이 말을 항상 부정적인 면만을 보는 사람에게 쓰기로 했다.

우울하고 불길한 예감에 만성적으로 시달리는 오늘날의 비관주의자(pessimist)는 로마의 대로와 골목길에서 그랬던 것처럼 구부정한 자세로 현시대의 대로와 골목길을 서성인다. 그때나 지금이나 똑같은 꼬리표를 단 채로 말이다. 그의 입꼬리는 아래로 쳐져 있으며 양산이 햇빛을 차단하듯 우울한 얼굴이 행복을 가로막는다. 그는 밝게 빛나는 거리를 싫어하며 열정에 찬물 끼얹기를 좋아한다. 그리고 자신에게 무엇이 주어지든 전혀 활용하지 않고 그저 쓸모없다고 여긴다.

당신이라면 이런 사람과 결혼하거나 동업할 수 있겠는가? 아니면 한 테이블에 앉아 함께 식사하며 축배를 들 수 있겠는가? 이런 사람은 행복한 삶을 망치는 옥에 티다.

〈마음이 넓은 사람〉, 1919년 4월.

21

누구나 추락하며
날갯짓을 배운다

———— 고난 ————

힘을 기르고 성장하려면 끊임없이 노력하고 애쓰는
수밖에 없다.

지난 몇 년 동안 내 마음에 엄청난 인상을 남긴 주제
를 또 한 번 이야기하고자 돌아왔으니 잠시 집중해 주
면 좋겠다. 내가 도달한 결론은 오직 열린 마음을 가
진 사람만이 도달할 수 있다. 앞으로 당신에게 이야기
할 원칙이 얼마나 타당한지 그 증거를 너무 많이 봤기
때문에 당신에게도 이 원칙을 진지하게 고려해 볼 것

을 권유한다.

만약 벽돌이 말할 수 있다면 작열하는 가마 속에서 몇 시간씩 구워질 때 틀림없이 불평을 늘어놓을 것이다. 하지만 그 과정을 거친 벽돌만이 내구성을 갖춰 매서운 비바람도 견뎌 낼 수 있게 되는 법이다.

권투 선수는 링에 올라 상대방을 만나기 전까지 엄청나게 많은 펀치를 맞아 봐야 한다. 이 혹독한 과정을 거치지 않았다면 대전을 제대로 준비하지 못한 것이며 결국 패배로 대가를 치를 것이 뻔하다.

방금 전 내 어린 아들이 눈물을 머금고 비틀거리며 서재에 들어왔다. 조그마한 다리로 균형을 잡으려다 심하게 넘어지고 만 것이었다. 녀석은 단지 걷는 법을 배우는 중이었다. 넘어지고 다시 일어서는 노력을 반복하지 않으면 결코 혼자 힘으로 걸을 수 없다.

독수리는 나무 꼭대기보다 훨씬 높은 절벽의 울퉁불퉁한 바위 위에 보금자리를 마련한다. 그러니 사람이든 짐승이든 새끼 독수리를 노리기란 불가능하다. 그런데 어미 독수리는 새끼들을 지키기 위해 이토록 조심하다가도 새끼들이 나는 법을 배울 준비가 됐다고 생각하는 즉시 녀석들을 위험에 빠뜨린다. 새끼들을 절벽 끝으로 밀고 떨어뜨려 직접 날게 만드는 것이다.

물론 어미는 옆에서 이 과정을 함께한다. 특히 새끼들이 직접 날기에 너무 연약하면 쏜살같이 움직여 낙하하는 새끼를 낚아챈다. 그다음 둥지로 데려가서 하루 정도 더 기다렸다가 같은 훈련을 반복한다. 어린 독수리가 하늘을 날기 위해서는 이렇게 시련을 겪고 이겨 내는 수밖에 없다.

시간이 흐르고 경험이 쌓이자 자연이 우리에게 조용히 영향을 끼치는 것이 보이기 시작했다. 내 눈에는 우리를 고난으로 인도하는 손이 똑똑히 보인다. 그 고난을 통해 우리는 인생에서 알고 있어야만 하는 지식을 더 많이 쌓을 수 있다. 보상의 법칙은 인간이 시련을 겪으며 점점 더 높이 올라가도록 끊임없이 돕는다.

운동선수가 되는 방법은 고된 연습과 훈련뿐이다. 마찬가지로 실행가가 되려면 행동하는 수밖에 없다. 물론 어떤 이는 쉽고 빠르게 배울 수 있겠지만 그 외 사람들은 자연의 섭리에 따라 시간의 벽 앞에서 마음아파할 수밖에 없다.

자연이 남겨 놓은 섭리를 읽을 줄 모르던 지난날에 나는 언제, 어디서, 어떻게 나 자신을 찾아야 할지 의문을 갖고는 했다. 그리고 내가 진정한 나로 거듭날 때, 내 평생의 일을 찾았을 때, 그 사실을 어떻게 인지할 수 있을지 또한 궁금했다.

아마 나 말고도 많은 이가 비슷한 걱정을 할 것이다. 그들에게 나는 확신과 희망의 메시지를 전달하고자 한다. 실패, 역경, 마음의 병이 당신을 찾아오면 자연이 당신에게 고난을 안겨 앞길을 방해하려 든다고 생각할 것이다. 하지만 자연은 당신을 실패라는 샛길에서 거둬 성공이라는 큰길로 이끌고자 노력할 뿐이다. 이 문단을 다시 읽어 보라!

행복하지 않다면, 실패한 기분이 든다면, 곤경에 빠진 듯하다면 무언가 잘못됐다는 뜻이다. 이런 마음은 당신이 잘못된 방향을 바라보며 고군분투하고 있다고 알려 주는 자연의 지침이다.

분명히 알아 두기 바란다. 자연은 언제나 길을 가르

쳐 준다. 뜨거운 난로 위에 손을 올리면 바로 알 수 있듯이 당신이 옳은 방향으로 나아가고 있다면 그 사실을 확실히 인지할 수 있다. 당신은 행복할 권리가 있다. 만약 불행하다면 그것은 자연스러운 마음의 상태가 아니며 당신에게 무언가 잘못된 일이 벌어지고 있다는 명백한 신호임을 명심하라.

무엇이 잘못된 것인지는 누가 확인해야 할까? 바로 당신이다! 오직 당신만이 그렇게 할 수 있다.

정말 드물게 몇 안 되는 영혼만이 자연의 지침을 선뜻 따를 수 있다. 혹독한 역경도 이들에게는 그리 고통스러운 일이 아니다. 자연이 역경을 선사하며 일격을 가해도 이들은 손쉽게 반응한다. 하지만 대다수의 평범한 사람은 가혹하게 시련을 겪고 나서야 자연이 우리를 벌하고 있음을 깨닫는다.

정당한 대가 없이는 아무것도 얻을 수 없다. 고난과 희생을 감수하고 이성적인 노력을 쏟아부으면 원하는 모든 것을 얻을 수 있다. 당신이 준 만큼 그대로 돌려받는다는 대갚음의 법칙을 활용하는 것이다.

어려움이나 역경을 두고 고심하거나 초조해하지 않

아도 된다. 오히려 당신의 앞길에 현명하신 신이 이정표를 세워 뒀음을 감사히 여겨라. 정상적인 마음은 행복한 상태로 존재한다. 해가 반드시 동쪽에서 뜨고 서쪽으로 지듯이 실패나 역경, 후회라는 이정표를 마주쳤을 때 방향을 바꿀 줄 아는 사람에게는 반드시 행복이 찾아올 것이다.

우리는 '양심'이라는 단어를 알고 있다. 하지만 양심이야말로 연금술의 대가이며 실패와 역경이라는 싸구려 재료를 성공이라는 순금으로 바꿔 준다는 사실은 거의 알지 못한다.

역경과 실패, 낙담이 당신을 무자비하게 노려볼 때그 녀석들을 물리칠 수 있는 공식을 알려 주겠다. 동료를 대하는 태도를 고치고 그들이 행복을 찾도록 돕는 데 전념하라. 그 과정에서 겪는 고난은 자연이 당신을 변화시켜 주는 데 치러야 할 대가일 뿐이며 결국당신은 행복에 이를 것이다.

무언가를 얻으려면 먼저 그것을 줘야 한다. 이 간단하고 평범한 조언을 비웃지 마라. 나는 위 공식을 직접 적용해서 효과가 있다는 사실을 확인했으니 이렇게 조언할 자격이 있다.

행복을 발견하고 나면, 성질을 누그러뜨리는 법을 알고 나면, 동료들을 인내와 공감의 시선으로 볼 수 있게 되면, 가만히 앉아 과거를 차분히 들여다볼 줄 알게 되면, 자연이 당신에게 선사하는 고난은 단지 어둠 속에서 당신에게 길을 밝혀 주기 위한 수단임을 맑은 날에 태양을 보듯 명확히 볼 수 있을 것이다. 그럼 당신은 비로소 자기 자신을 발견했음을 알게 될 것이다. 그리고 고난에도 나름의 목적이 있다는 것 또한 알게 될 것이다. 어미 독수리가 새끼들에게 하듯 창조주 역시 당신을 절벽 끝에서 밀어 떨어뜨려 나는 법을 알려 주고자 했다는 사실도 깨닫게 될 것이다.

그리고 나면 당신은 어떤 사람들과도 평화롭게 지낼 수 있다. 주변 사람과의 대립으로 벌어졌던 다툼도 결국 세상에서 당신의 자리를 찾기 위해 필요한 훈련이었음을 깨달을 것이기 때문이다. 그리고 다툼의 원인이 사실은 주변 사람이 아니라 당신 자신이었다는 사실도 알게 될 것이다.

이 글은 내가 지금까지 쓴 것 중 최고가 아닐까 싶다. 하지만 실패가 무엇인지 아는 사람만이, 최악의 실패 속에서도 성공이 피어나는 것을 본 사람만이 이 글의 진가를 알아보리라 확신한다.

나머지 사람들은 먼저 역경과 실패, 낙담을 겪어 봐야 한다. 그리고 일찍이 내가 깨달았듯 고난이란 자연이 인간을 돕는 방법이며 그 덕분에 인간은 아기처럼 흔들거리는 다리로 걸음마를 뗀다는 사실을 깨달아야 한다. 이렇게 더 시간이 지나고 나서야 그들도 이 글의 가치를 음미하게 될 것이다.

〈성공의 길은 곧 고난의 길이다!〉, 1920년 4월.

22

일할 수 있음이
축복이다

---------- **노동** ----------

이번 주제는 남녀노소를 가리지 않고 흥미를 끌 만한 주제다. 온 인류의 일상과 관련돼 있으니 말이다.

노동은 세상의 모든 산업과 인간의 쓸모를 이루는 토대다. 노동은 단순히 돈과 식량의 문제가 아니며 많은 옷이나 광대한 토지보다 더 넓고 깊은 의미를 갖는다. 노동은 사회적·국가적·종교적 발전의 초석이기도 하다. 그리고 우리의 시간과 힘을 활용하는 법, 생각을 펼치는 법, 본능적인 욕구를 채우기 위해 감정을 현명하게 조절하는 법, 편안함과 행복에 이르는 수단을 지키는 법, 사람의 재능을 계발하는 법에 대한 문제다.

그러므로 노동이라는 문제는 어느 단계에서든 개인, 국가, 종교와 대립하며 해결책을 촉구하기 마련이다. 노동에 수반되는 노력은 모두 인간의 짐을 덜고 고통을 완화하며 인간의 질서와 안녕, 번영과 행복을 지키기 위한 것이다.

여기서 나는 노동자의 이익을 보호하고 대변하는 조직을 다룰 생각은 없다. 국가에서 노동에 관한 법률을 어떤 방향으로 제정할지 또한 다루지 않는다. 이것들은 각자 나름의 영향력과 쓸모가 있다. 난 오히려 노동이 개인에게 어떤 의미가 있는지 이야기하고자 한다. 그리고 오늘날 우리가 처한 상황에서 노동이 내리는 저주에서 벗어나기 위해, 노동이 주는 가장 크고 지속적인 보상을 얻기 위해 무엇을 할 수 있는지도 다루려고 한다. 내 목적은 우리 모두가 겪는 고충을 해결할 몇몇 방안을 제시하는 것이며 이 방안들은 당장 내일부터 우리의 일상에 적용할 수 있다.

사람들을 어떻게 모아도 노동이 내리는 가장 악독한 저주를 막을 수는 없다. 어떤 법으로도 노동의 폐해를 피할 수도 노동의 가장 큰 장점을 보장할 수도 없다. 엄밀히 말하면 노동은 어떤 측면에서도 저주나 악이라고 볼 수는 없다. 오히려 노동은 축복이다. 단순히 임금이라는 보상 때문이 아니라 그 자체로 축복이다.

아무리 힘든 노동일지라도 노동을 하지 않는 것보다는 낫다. 이 사실은 역사가 증명하고 예로부터 개인의 경험이 증명했으며 신도 직접 증명하는 사실이다. 그리고 이 사실은 인간 마음의 본성 안에 존재하며 우리 몸의 모든 곳에 새겨져 있다.

사람의 팔다리, 근육, 두뇌, 감각, 지성, 감정을 보라. 우리는 무엇을 위해 이 기적적인 유기체를 부여받은 것인가? 또 우리는 무엇을 위해 태어났는가? 그저 무위도식하기 위해서인가? 짐승처럼 먹고 마시고 자기 위해서인가?

인간의 손이 보여 주는 기적 같은 움직임과 힘을 보라. 손이 단지 숟가락을 사용하고 아기처럼 부드러운 손을 유지하기 위해 장갑을 끼려고 만들어진 것인가?

우리 몸속의 장기들은 무엇을 위해 만들어졌는가? 인간의 행복을 위해 만들어진 것 아닐까? 인간을 위하는 이 좋은 의도를 어떻게 지켜 낼 수 있을까?

해답은 바로 사용하고 행동하고 노동하는 것이다. 다른 방법은 없다. 행동은 삶의 법칙이다. 행동은 삶의 징후이자 결과이며 더 풍성한 삶을 누리기 위한 수단이다. 그리고 행동은 삶을 완성하는 데 반드시 필요한 도구다.

우리가 존재의 계층에서 더 높은 위치에 도달할수록 활동을 억누르기 어려워진다. 자연에서 교훈을 얻어 보자. 바위는 움직이지 못한다. 스스로 형태를 바꾸거나 이동할 수 없다. 돌이 되고 싶은가?

이번에는 식물을 생각해 보자. 비록 의식이 없고 땅에 고정돼 있지만 살아 있는 존재이며 왕성히 활동할 수 있다. 게다가 유용하고 아름다운 모습으로 다양하게 성장하기도 한다. 바위와 달리 식물은 활동하는 생명체이며 쓸모도 많다. 하지만 식물로 만족할 수 있겠는가? 별달리 힘든 일을 할 리 없는 사과나무나 백합이 될 수 있겠는가?

동물은 식물보다 더 높은 단계에 있는 생물이다. 동물은 식물이 하지 못하는 여러 방식으로 보고 듣고 느끼고 움직일 수 있다. 하지만 당신이 굴이나 황소가 된다면 만족스럽겠는가?

인간의 위치까지 오르면 더욱 명확하고 높은 수준의 역량을 갖추게 되며 행동 범위도 아주 넓어진다. 사용할 수 있는 도구와 수행할 수 있는 일이 더 많아지고 보다 크고 풍성한 보상을 얻는다. 존재의 계층에서 단계를 하나하나 오를 때마다 더 중요하고 다양한 일이 요구되며 그만큼 한층 높은 수준의 이익이 돌아오는 셈이다.

어떤 생물도 일에서 자유로울 수 없다. 벌레든 물고기든 네 발 달린 동물이든 모두 일을 해야 한다. 생존하기 위해서는 어떤 형태로든 행동해야만 한다. 빠르게 날아다니는 하늘 위의 새도 끊임없이 먹이를 찾아다니며 그럼에도 종종 배를 채우지 못한 채 잠에 들어야 한다. 주인이 없기에 자유롭게 돌아다닐 수 있는 야생 동물의 삶을 많은 사람이 행복한 삶으로 여긴다. 하지만 실상 야생 동물은 먹잇감을 찾기 위해 언제나 경계를 늦추지 못하며 사냥에 실패하면 굶을 수밖에 없다.

인간이 죄를 저지르지 않았더라면 오로지 자신에게 쓸모 있는 일에서만 행복을 찾을 수 있었을지도 모른다. 인간의 근육과 마음이 가진 모든 능력은 이 사실을 그 어떤 말보다 더 분명하게 드러낸다.

노동의 필요성은 우리의 마음과 우리 몸의 모든 근육 안에 조직돼 있다. 만약 우리가 손가락 하나 까딱하지 않고 온갖 사치를 누릴 수 있다면, 즉 노동을 하지 않고도 공주처럼 옷을 입고 왕자의 집 같은 곳에서 살 수 있다면, 우리는 불완전한 존재로 남을 것이다. 우리의 모든 능력은 사용함으로써 만들어지며 능력을 계속 발휘하지 않으면 능력이 유지될 수 없다.

결과적으로 사람은 어떤 상황에 처했든 누구나 일을 해야만 한다. 당장 먹고살 걱정이 없는 사람일지라도 즐거움이나 깨달음을 위해, 심지어 자신의 존재를 위해 노동의 필요성을 크게 느끼고 움직이는 법이다. 노동은 그 자체로 신성한 질서의 법칙이며 신의 완벽성에 기원을 두고 있다. 노동에 예외란 없으며 노동을

통해 세상의 모든 좋은 것을 얻을 수 있다. 이 사실은
아주 명백하며 절대 변하지 않는다.

<노동은 축복이자 저주다>, 1920년 5월.

23

사람은 무엇이든
심는 대로 거둔다

황금률

"인생을 다시 살 수만 있다면 다르게 살아 볼 거야!"

이런 말을 종종 들었다. 개인적으로는 인생을 다시 산다고 해도 내게 일어난 일들을 바꾸려는 생각은 별로 없다. 살면서 실수를 한 적이 없다는 이야기가 아니다. 오히려 다른 사람들에 비해 실수를 더 많이 저질렀을지도 모른다. 하지만 실수들 덕분에 각성했고 진정한 행복과 마음의 평화를 찾았으며 많은 사람이 이런 마음의 상태를 잘 찾을 수 있도록 도울 기회를 아주 많이 얻었다.

나는 의심의 여지없이 확신한다. 모든 실패에는 위대한 교훈이 따르며 소위 실패라는 것을 겪어야만 값진 성공을 거둘 수 있다는 것을 말이다.

나는 또한 확신한다. 우리가 나아가야 할 길에 장애물이 나타나는 것은 신의 뜻이다. 그리고 우리에게 가장 큰 가르침을 주는 것은 책이나 선생님이 아니라 장애물을 극복하기 위한 끊임없는 노력이다. 나는 신이 우리의 앞길에 장애물을 깔아 준다고 믿는다. 말 조련사가 말에게 걷기 훈련을 시킬 때 장애물을 뛰어넘게 하는 것과 마찬가지다.

오늘은 내 생일이다!

언젠가 이 글을 읽을 독자를 위해 실패가 내게 가르쳐 준 교훈 몇 가지를 정리하며 생일을 자축할까 한다.

먼저 내가 가장 좋아하는 신념에서 출발해 보겠다. 바로 진정한 행복은 다른 사람이 행복을 찾도록 도울 때만 찾아온다는 것이다.

나는 지난 36년 중 25년을 사실상 매우 불행하게 보냈으나 다른 사람들이 행복을 찾도록 돕기 시작한 바로 그날부터 행복을 발견하기 시작했다. 단순히 우연의 일치일지도 모르지만 나는 우연이라고 믿지 않는다. 이것은 단순한 우연 그 이상이며 우주의 법칙과 완전히 들어맞는 결과다.

그동안의 경험에서 배운 것은 슬픔이라는 씨앗을 뿌렸으면 행복이라는 작물을 수확할 수 없다는 것이다. 이것은 엉겅퀴 씨앗에서 밀이 자라지 않듯 명백하다. 수년에 걸쳐 철저하게 연구하고 분석한 결과, 단순한 생각이든 명시적인 행동이든 한 사람이 베푼 것은 아주 세세한 부분까지 몇 배씩 더 커져서 돌아온다.

물질적이고 경제적인 관점에서 내가 깨달은 위대한 진리 중 하나는 주어진 보상 이상으로 많은 일을 훌륭히 해내면 이익을 두둑이 챙길 수 있다는 것이다. 그러다 보면 실제로 하는 일에 비해 더 큰 보상을 받는 것은 시간문제다. 보수와 상관없이 모든 일에 정성을 쏟는 습관을 들이면 내가 언급하는 다른 어떤 방법보다 물질적·금전적 성공에 더 가까이 다가갈 수 있다.

그러나 그 못지않게 중요한 습관이 또 있다. 바로 동료가 우리에게 저지른 잘못을 용서하고 잊는 습관이다. 우리를 화나게 하는 사람에게 보복을 가하는 습관은 품위를 떨어뜨릴 뿐만 아니라 결국 우리를 해친다.

나는 그동안 끊임없이 남에게 터무니없는 요구를 했다. 그리고 손해를 보거나 부당한 일을 당할 때마다 분노하는 것이 내 의무라고 생각하기도 했다. 하지만 이렇게 살면서 치른 대가는 그 어떤 경험의 대가보다 더 혹독했다.

확신하건대 사람이 배울 수 있는 훌륭한 가르침 중 하나는 바로 자제력이다. 타인에게 큰 영향력을 행사하기 위해서는 먼저 스스로를 통제할 줄 알아야 한다. 세상의 뛰어난 지도자는 대부분 좀처럼 화를 내지 않았다. 그리고 황금률에도 명시돼 있듯 인류에 가장 위대한 철학을 남긴 역사상 최고의 지도자 역시 자제와 관용을 갖춘 사람이었다.

누구든 세상을 개혁하겠다거나 인간 행동의 자연스

러운 질서를 바꾸겠다는 신념이 있다면 큰 실수를 하는 것이다. 나는 신이 자신의 계획을 상당히 빠르게 실행한다고 생각한다. 그렇기에 누군가 감히 자연에 맞서거나 자연의 계획을 방해하려고 간섭하는 일은 벌어지지 않는다. 어차피 그렇게 했다가는 다툼이 생기고 괴로운 감정만 들 뿐이다.

적어도 내 마음에는 잘 와닿은 가르침이 하나 있다. 이유가 무엇이든 주변 사람을 동요시키고 기분 나쁘게 만들면 인생의 건설적인 목표를 전혀 달성할 수 없다는 것이다. 두드려서 부수기보다는 힘을 내고 만들어 가야 이득이 된다.

이 원칙은 내가 이 잡지를 출간할 때 적극적으로 활용하기 시작했다. 건설적인 것에는 시간과 지면을 할애한 반면 파괴적인 것은 의도적으로 무시했다.

36년간 내가 한 일을 통틀어 이 작은 잡지만큼 성공적이거나 내게 진정한 행복을 가져다준 일은 없었다. 초판이 가판대에 오른 그날부터 내 노력은 예상을 뛰어넘는 엄청난 성공으로 돌아왔다. 금전적인 성취만을 이야기하는 것이 아니다. 독자들이 잡지의 도움으로 찾은 행복 속에 더 숭고하고 멋진 성공이 있었다.

오랜 경험을 통해 깨달은 바가 또 있다. 내 적대자 혹은 색안경을 끼고 나를 보는 사람의 말에 내 동료가 동요되고 내게 악영향이 미친다면 이것은 분명 내가 나약해졌다는 신호다. 진정으로 자제력을 갖추고 명료하게 생각하려면 먼저 동료들이 다른 사람의 관점이 아니라 실제로 아는 바에 근거해 의견을 제시하게 하는 방법부터 배워야 한다.

내가 극복해야 했던 아주 해롭고 파괴적인 습관은 편견으로 가득한 자에게 나쁜 영향을 받는 것이었다. 같은 실수를 계속 반복하다 보니 또 다른 커다란 실수를 알게 됐다. 이유를 불문하고 동료를 비난하는 것은 아주 잘못된 일이다. 그동안 여러 실수를 발판 삼아 성장했지만 그중 내게 가장 큰 만족감을 안겨 준 가르침은 동료에 대해 친절한 말을 할 수 있기 전까지는 입을 닫으라는 가르침이었다.

나는 대갚음의 법칙을 이해한 뒤에야 적을 깎아내리려는 인간 본성을 억제할 수 있었다. 대갚음의 법칙에 따르면 입으로 뱉은 말이든 몸으로 한 행동이든 모두 뿌린 대로 거둘 수밖에 없다. 나는 아직 이 사악한 본성을 전혀 정복하지 못했으나 적어도 정복을 향해 첫 걸음을 내딛었다.

나는 모든 사람이 적어도 일생에 한 번은 불운하면서도 값진 경험을 해 봐야 한다고 믿는다. 이를테면 신문 기자들에게 공격받거나 재산을 잃는 경험 말이다. 이런 재앙이 나를 덮칠 때 진정한 친구가 누구인지 알 수 있기 때문이다. 진짜 친구들은 폭풍우 속에서도 배 옆에 머물지만 친구인 척하는 자들은 몸을 숨기는 법이다.

인간 본성에 관한 여러 흥미로운 사실 중에서도, 나는 어떤 사람을 판단할 때 그에게 이끌리는 자들을 보면 아주 정확히 그를 판단할 수 있다는 사실을 깨달았다. '유유상종'이라는 옛말은 틀리지 않았다.

끌어당김의 법칙은 온 우주에 작용한다. 그 이름처럼 성질이 비슷한 것들을 특정한 중심으로 끊임없이 끌어당긴다. 한번은 어떤 훌륭한 형사가 내게 말하기를 자신은 끌어당김의 법칙을 주요 원칙으로 삼아 범죄자를 잡는다고 했다.

　공직에 나서고자 하는 자는 단단히 마음의 준비를 해야 한다는 사실도 배웠다. 많은 것을 희생하고 비난과 혹사를 견딜 줄 알아야 하며 끊임없이 동료를 믿고 존중해야 한다. 사실 공직자의 동기는 막상 그에게 가장 도움을 많이 받는 사람들에게 의심받기 마련이다.
　세상에 알려진 가장 위대한 종복 예수는 당시 많은 사람에게 미움받았을 뿐만 아니라 자신의 목숨을 잃어야 했다. 그 악감정을 오늘날에도 수많은 이가 물려받았다. 사람들은 그를 십자가에 못 박았고 창으로 옆구리를 찔렀으며 생명이 서서히 꺼져 가는 동안에도 얼굴에 침을 뱉고 잔인하게 고문했다. 그는 자신이 마지막으로 남긴 말을 손수 실천하며 본보기를 보였다.

　"아버지여 저들을 용서하소서. 저들은 자기가 하는 일을 알지 못하옵니다."

동료들이 내게 저지른 잘못 때문에 화가 나 피가 거꾸로 솟는 듯할 때, 나는 이 위대한 현자가 자신을 고문하며 죽음으로 내몰던 자들에게 보여 준 강인함과 인내심에서 위안을 찾는다. 그가 저지른 죄라면 자신을 따르는 자들이 행복을 찾도록 도운 것뿐이었다.

내 경험에 따르면 자신에게서 실패의 원인을 찾지 않고 그저 세상을 탓하는 자는 웬만해서 비범한 사람이 되지 못한다. 성공할 기회는 직접 나서서 혼자 힘으로 만들어야 한다. 어느 정도의 적극성이 있어야만 많은 것을 이루고 다른 사람들도 모두 갈망하는 무언가를 얻을 수 있다. 적극성이 없는 자는 가난, 불행, 실패를 쉽게 물려받는 법이다. 부와 행복과 성공을 누리고 싶다면 그 권리를 위해 싸울 준비가 돼야 한다!

'권리'라고 말한 것에 주목하라. 인간의 권리는 스스로 쟁취해야 하며 무언가를 베풀었을 때 대가로 주어질 뿐이다. 그리고 권리의 성질은 자신이 베푼 것의 성질과 정확히 일치한다는 사실을 한 번 더 상기하라.

나는 그동안의 경험을 통해 어린 아이에게 가장 무

거운 짐이자 가혹한 저주는 부를 무분별하게 사용하는 것임을 깨달았다. 역사를 면밀히 분석해 보면 공공과 인류를 위해 헌신한 위대한 일꾼은 대부분 가난 속에서 자랐다는 사실이 밝혀질 것이다.

어떤 사람을 제대로 시험해 보고 싶다면 무한한 부를 안긴 뒤 그것을 어떻게 사용하는지 보면 된다. 부유하다고 해서 생산적이고 쓸모 있는 일을 할 동기를 잃는다면 저주에 걸린 것과 같다. 우리가 조심해야 할 것은 가난이 아니다. 목적이 좋든 나쁘든 부는 부를 낳고 그것에 수반되는 힘 또한 존재한다. 우리는 이것들을 조심해야 한다.

나는 가난한 집에서 태어난 것을 행운으로 여긴다. 물론 나이를 먹으면서는 부유한 사람들과 제법 가깝게 지냈지만 말이다. 지금 나는 평범하게 먹고살고 있기에 스스로 주의해야 할 것은 없다. 하지만 만약 막대한 부를 얻는다면 동료를 도울 생각이 사라지지 않도록 조심해야 할 필요가 있겠다.

내 경험으로 깨달은 또 다른 가르침은 평범한 사람도 마음의 도움을 통해 인간이 성취할 수 있는 모든 것을 이룰 수 있다는 것이다. 상상은 인간의 마음이 할 수 있는 가장 위대한 행위다. 소위 천재로 불리는 자들은 상상으로 마음속에 무언가를 명확하게 창조한 뒤 실제로 실행해 그것을 현실로 만든 사람일 뿐이다.

지금까지 이야기한 가르침과 미처 이야기하지 못한 가르침까지 지난 36년 동안 참 많이 배웠다. 하지만 그중에서도 가장 위대한 가르침은 역사적인 철학자들이 항상 우리에게 말했던 오랜 진리다. 바로 행복은 무언가를 소유할 때 찾을 수 있는 것이 아니라 누군가를 진정으로 도울 때 찾을 수 있다는 것이다! 이 진리는 직접 깨달은 후에야 그 가치를 알 수 있다.

이 조그마한 잡지를 열심히 만들면서 느낀 행복보다 더 큰 행복을 느낄 수 있는 다른 방법이 여럿 존재할지도 모르겠다. 하지만 솔직히 말하자면 여전히 다른 방법은 찾지 못했으며 어딘가 있으리라 기대하지도 않는다. 매달 격려와 열정을 전해 주는 이 잡지가 더 많은 사람에게 도움이 되는 것 말고는 더 큰 행복을 느낄 길이 없어 보인다.

불과 몇 주 전 댈러스의 한 상점에서 간단히 쇼핑을 하던 중에 내 인생을 통틀어 손꼽을 만큼 행복한 순간을 경험했다. 나를 응대하던 젊은 친구는 붙임성이 좋고 수다스러우면서 생각도 많은 유형이었다. 내가 마치 비밀스럽게 방문이라도 한듯 그는 내게 가게에서 일어날 일을 모두 말해 줬다. 그는 점장이 그날 직원들에게 〈힐의 황금률〉 구독을 지원해 주겠다고 약속했고 다들 아주 행복해했다는 이야기를 들려줬다. 그는 내가 나폴레온 힐인 줄 모르고 있었다.

당연히 나는 흥미를 느꼈다. 그에게 나폴레온 힐이 어떤 사람인지 물었다. 그가 의아한 표정으로 나를 보더니 대답했다.

"나폴레온 힐에 대해 들어 본 적이 없다는 말씀이신가요?"

나는 낯익은 이름 같다고 대답한 다음 점장이 모든 직원에게 〈힐의 황금률〉 1년 구독을 지원해 준 이유가 무엇인지 물었다. 젊은 직원이 이렇게 대답했다.

"불평만 늘어놓던 동료 하나가 그 잡지 한 편을 읽더니 우리 매장에서 가장 훌륭한 직원이 됐어요. 이 잡지가 그렇게 효과가 좋다니 모든 직원에게 읽히고 싶었던 거죠."

그 젊은 직원과 악수하며 내가 누군지 이야기했을 때 느낀 행복감은 자아도취에서 비롯된 것이 아니었다. 다른 사람에게 행복을 전해 주고 있다는 사실을 깨달을 때 느껴지는 깊은 감동이 나를 행복하게 했다. 이런 행복감은 이기적인 인간 본성을 완화해 주며 인류의 진화 과정에서 인간으로부터 동물적인 본능을 분리하는 역할을 한다.

나는 모두가 자신감을 키우고 본인을 잘 선전하고 다녀야 한다고 항상 주장했다. 내 주장을 여기서 당장 실천하자면 이렇게 과감히 말할 수 있겠다. 만약 〈새터데이 이브닝 포스트(The Saturday Evening Post)〉의 독자만큼 훌륭한 독자들이 내 월간 잡지를 접한다고 가정해 보자. 그럼 대중이 황금률에 기반해 서로를 대하게 하는 데 지난 10년 동안 다른 신문과 잡지가 가졌던 영향력보다 내가 앞으로 5년간 행사할 영향력이 더 클 것이다.

　사람은 무엇이든 심는 대로 거두리라.

　알다시피 성경에서 나온 말이다. 항상 들어맞는 훌륭한 진리이기도 하다. 다년간의 내 경험으로 확실히 증명됐다.

　약 15년 전, 나만의 잡지를 창간해야겠다는 생각이 처음 떠올랐을 때만 해도 모든 나쁜 것을 비판하고 내가 싫어하는 것에 혹평을 내릴 작정이었다. 아무래도 운명의 신들이 경솔한 사업을 벌이지 못하게 개입한 것이 분명하다. 36년의 경험으로 배운 모든 것이 이 인용구가 말하는 바를 완벽히 뒷받침하기 때문이다.

　뿌린 것보다 더 많이 거두지 못한다면 밀밭에 씨를 뿌려서 얻는 이득이 없을 것이다.

〈지난 36년을 돌아보며〉, 1919년 12월.

Napoleon Hill

부록

———

나폴레온 힐의
라디오 대담(1948)

성공하는 데 가장 필수적인 능력이 무엇인가?

진행자: 하워드 레이
게스트: 나폴레온 힐

레이: 오늘 방송에서는 성공을 다룬 굉장한 책 《생각하라 그리고 부자가 되어라(Think and Grow Rich)》의 저자이자 저명한 성공 상담 전문가 나폴레온 힐 박사님을 모십니다. 이 책은 '미국 내 성공한 사람들의 인생을 바꾼 책' 순위에서 4위에 올랐습니다. 성공한 젊은이들의 마음속에서 《생각하라 그리고 부자가 되어라》가 4위를 차지하는 셈입니다. 〈코로넷(Coronet)〉이 전국적으로 설문 조사를 진행했고 그 결과를 1948년 2월호에 상세히 실었습니다. 청취자 여러분도

이 책을 읽고 그 안에 담긴 간단하지만 눈부신 성공 법칙을 깨닫는다면 왜 이 책이 성공한 사람들 사이에서 그토록 높이 평가받는지 이해할 것입니다.

신사 숙녀 여러분, '누구나 성공할 자격이 있다고 굳게 믿는 사람' 나폴레온 힐 박사님을 모시겠습니다. 안녕하세요, 박사님?

힐: 안녕하세요, 레이 씨. 초대해 주셔서 감사합니다. 라디오를 통해 새로운 분들에게 성공에 대해 이야기할 수 있어서 기쁘네요.

레이: 힐 박사님, 이번 설문 조사는 〈코로넷〉이 진행했고 2월호에서 결과를 확인할 수 있는데요. 설문에 응한 사람들이 받은 질문 중 굉장히 흥미롭게 느낀 것이 하나 있습니다.

힐: 어떤 질문인가요?

레이: "성공하는 데 가장 중요한 능력을 하나만 꼽자면 무엇인가요?"였습니다.

힐: 성공하는 데 가장 중요한 능력 1가지가 무엇인지 물어봤군요?

레이: 질문은 '능력'이라는 단어에 중점을 뒀습니다. 박사님의 성공 법칙에는 성공을 추구하는 사람이라면 반드시 지켜야 할 원칙들이 있습니다만, 오늘 저희는 능력에 대해 이야기를 나누려고 합니다. 물론 누구든 연습을 통해 능력을 향상할 수 있죠. 그러니 박사님, 제 생각에 오늘 나눌 이야기가 아주 재밌을 것 같습니다.

힐: 그럼요. 저도 그렇게 생각합니다.

레이: 좋습니다. 그럼 성공에 있어 가장 중요한 능력이 무엇일까요? '해마다 매일같이 꾸준히 자신의 일을 해 나가는 능력'이 맞나요?

힐: 세상은 일평생 힘들고 단조로운 일에 얽매여 자동 기계처럼 사는 사람들로 가득합니다. 그런데 성공은 이런 사람들에게 찾아오지 않는 듯하죠. 제가 아는 분 중에 42년 동안 한 가게에서 점원으로 일한 분이 계십니다. 그분은 학교를 졸업하자마자 배달부로 사회생활을 시작해서 파트타임 점원으로 승진하고 그다음에 정직원으로 승진까지 했는데요. 매일 같은 시간

에 출근하고 같은 시간에 점심 식사를 하고 같
은 시간에 퇴근합니다. 고객에게 꽤 친절하지
만 특별한 경우가 아니라면 그들과 아주 많은
대화를 나누지는 않는다고 해요. 그동안 임금
인상이 몇 번 있었는데 매달 나가는 비용을 제
하면 몇 달러가 남는 정도고요. 언젠가 찾아올
만일의 경우를 대비해 그중 일부를 저축하면서
살아가는 것이죠.

꾸준히 일하는 능력이 성공의 가장 결정적인
능력이라면 이분이야말로 눈부시게 성공한 사
람일 것입니다. 결국 이것이 정답이 아니라는
사실을 여러분도 아실 테죠. 답을 찾으려면 조
금 더 멀리 봐야겠습니다.

레이: 물론 〈코로넷〉의 설문에 응답한 사람들이 성공
에 가장 중요한 능력에 대해 잘못된 결론을 내
렸을지도 모릅니다. 혹시 그렇게 생각하시나
요, 박사님?

힐: 아니요. 오히려 그들이 정확하게 짚었다고 생
각합니다. 이 능력이 가장 중요하다고 여긴다

면 그들이 아주 정확했다고 생각해요.

레이: 글쎄요. 저는 그저 저희가 찾는 정답이 실제로 있기는 한 것인지 확실히 하고 싶었습니다. 마침내 정답을 찾았다고 생각했는데 알고 보니 전혀 정답이 아닐 수도 있으니까요.

힐: 아닙니다. 저희가 찾아낼 답은 분명히 진짜 정답일 거예요. 이 확신을 가진 채로 정답을 계속 찾아 나갈 수 있을 것입니다.

레이: 그럼 박사님의 책《생각하라 그리고 부자가 되어라》에서 답을 찾을 수 있을까요?

힐: 실은 그렇습니다. 그 책의 여러 페이지에서 찾을 수 있죠.

레이: 좋습니다. 그럼 문제가 훨씬 간단해지네요. 이 책을 빠르게 훑어보기만 하면 성공하는 데 가장 중요한 능력이 무엇인지 알 수 있겠군요.

힐: 그렇게 간단하지는 않겠지만요. 그래도 책을 아주 주의 깊게 읽어 보면 여기저기에서 정답을 찾을 수 있을 것입니다.

레이: 2장을 볼게요. 박사님은 토머스 에디슨의 동업

자가 되고 싶은 열망으로 가득했던 에드윈 반스의 이야기를 써 주셨어요. 반스가 완전히 배수의 진을 쳤다는 내용이 있습니다. 뉴저지주 웨스트오렌지로 향했을 때 반스는 '에디슨이 내게 일거리를 주도록 노력해 봐야지'라고 다짐하는 것이 아니라 '에디슨을 만나면 내가 당신의 동업자가 될 거라고 선포해야지'라고 다짐했다고 해요. 이 부분을 읽고 나니 성공에 가장 필요한 능력은 '열망'이 아닌가 싶습니다. 맞나요?

힐: 열망은 성공의 핵심입니다. 열망은 곧 자신이 무엇을 원하는지 알고 명확한 목표를 설정하는 것이라고도 표현할 수 있어요. 열망은 성공에 있어 중요하고 핵심적인 요소죠. 하지만 저희가 지금 찾고 있는 능력은 아니에요.

레이: 그럼 몇 페이지 더 넘어가 볼 수 있을 것 같네요. 《생각하라 그리고 부자가 되어라》의 71쪽을 보겠습니다. 이번에야말로 성공한 사람들이 반드시 갖추는 가장 중요한 능력을 찾은 것이

틀림없습니다. 바로 '믿음'입니다. 믿음을 다룬 장을 보면 "믿음은 사고 자극에 생명과 힘을 불어넣어 행동을 일으키는 영원한 묘약이다"라고 쓰셨어요. 이어서 "믿음은 부를 축적하기 위한 출발점이다"라고도 하셨고요. 성공에 이르는 능력 하나가 있다면 분명 자신이 하는 일을 믿는 능력일 것입니다. 제가 맞았나요?

힐: 글쎄요. 믿음은 특별한 요소이기는 하지만 능력은 아닙니다. 이상하게 들리겠지만 사람들은 모두 같은 양의 믿음을 갖고 있기 때문입니다. 차이는 하나뿐이에요. 누군가는 자신이 하려는 일을 해낼 수 있다고 믿는 반면 다른 누군가는 해내지 못할 것이라고 믿습니다.

믿음은 우리에게 유리한 방향으로 움직일 수도 있고 불리한 방향으로 움직일 수도 있습니다. 자신의 믿음을 불리한 방향으로 이끄는 사람이 얼마나 많은지 알고 나면 아마 깜짝 놀랄 것입니다. 성공, 건강, 행복을 믿는 사람보다 실패, 질병, 불행을 믿는 사람이 더 많아요. 자, 믿음

은 능력이 아닙니다. 타고난 성질이에요. 우리
는 믿음을 최대한 활용하기도 하고 전혀 활용
하지 못하기도 하죠. 실제로 많은 경우에 우리
는 원치 않는 상황을 믿음으로써 자기 자신과
그간의 노력을 거스르고는 합니다.

믿음은 능력이 아니에요. 저희는 성공에 가장
필수적인 능력이 무엇인지에 대한 답을 찾고
있는 중입니다. 사전을 보면 "해낼 수 있는 힘"
이라고 능력을 정의하고 있습니다. 왠지 예전
에 농장을 소유할 가능성을 따져 보던 개척자
의 이야기가 떠오르는데요. 제가 기억하기로는
그 개척자가 변호사 친구에게 관련 법에 관해
문의했더니 변호사 친구가 "그 법의 내용을 정
확히는 모르지만 대략적으로는 알려 줄 수 있
어"라고 대답했거든요.

레이: 맞아요. 저도 그 이야기를 기억해요. 변호사가
말해 준 대략적인 개념은 사람들이 땅 160에이
커를 받아 5년 안에 굶어 죽는 데 정부가 14달
러를 걸고 있다는 것이었죠.

힐: 그 땅을 손에 넣기 위해서는 아마 많은 능력이
       필요할 것입니다. 그래서 저희도 성공에 가장
       중요한 능력을 계속 찾고 있는 것이겠죠.

레이: 어쩌면 드디어 찾은 것 같네요. '집요함'이 정답
       일 수 있을 것 같습니다. 목표를 달성할 때까지
       끈질기게 노력을 지속하는 능력 말이죠.

힐: 아니에요. 그것도 아닙니다.

레이: 그럼 《생각하라 그리고 부자가 되어라》의 다음
       장으로 넘어가겠습니다. 어쩌면 거기에 정답이
       있을 수도 있겠죠. 4장이 우리가 찾는 답의 실
       마리가 돼 줄 듯한데요. 아마도 '자기 암시' 또
       는 '자기 최면'이 정답일 것 같아요.

힐: 틀렸습니다. 다시 떠올려 보시죠.

레이: 그다음 장에서 다루는 '전문 지식'은요? 이게 성
       공에 가장 필요한 능력일까요?

힐: 그것도 아니에요. 전문 지식이 성공에 큰 도움
       이 되는 것은 맞지만 성공에 가장 필요한 능력
       은 아니에요. 장담합니다. 사실 전문가는 우리
       가 찾는 그 능력이 굉장히 부족할 수도 있어요.

물론 그럼에도 성공할 수 있겠지만요.

레이: 《생각하라 그리고 부자가 되어라》 6장의 제목은 '상상력'입니다. 이게 정답일 것만 같아요!

힐: 그래도 점점 정답에 가까워지고 있군요. 상상력이 있는 사람은 그렇지 않은 사람보다 우리가 찾는 그 필수 능력을 잘 발견하고 활용할 수 있으리라 확신합니다.

레이: 7장의 '체계적인 계획'은요? 정답을 찾는 데 좀 도움이 될까요?

힐: 물론이죠. 상상력을 가진 사람이 체계적인 계획을 수립할 수 있다면 우리가 찾고 있는 그 능력을 필연적으로 인식할 거예요.

레이: 그런데 이 두 요소는 우리가 찾고 있는 능력이 아닌가요?

힐: 그렇습니다.

레이: 그럼 이쯤에서 멈추고 성공에 있어 가장 중요한 능력이 무엇인지 박사님께 직접 여쭤야 할 것 같은데요. 누구나 그 능력이 무엇인지, 어떻게 활용하는지 알아내서 그 능력을 효과적으로

활용하고 싶어 할 것입니다. 이것이 오늘날 대중이 성공에 관한 책을 읽는 이유겠죠. 힐 박사님, 이제는 정답 찾기를 포기해야 할 때가 됐습니다. 다른 무엇보다 성공에 가장 중요한 능력이 무엇인지 말씀해 주시겠습니까?

힐: 좋아요. 정답은 정말 간단합니다. 모든 성공은 타인과의 관계를 기반으로 합니다. 그러니 '다른 사람과 잘 지내는 능력'이 성공에 가장 중요하다는 것을 쉽게 알 수 있습니다.

레이: 그럼 사람들에게 다짜고짜 제가 그들을 어떻게 생각하는지 말하면 안 되는 것일까요?

힐: 다른 사람과 잘 어울리는 능력은 성공하기 위해 가장 중요한 능력입니다.

레이: 부하 직원에게 호통쳐도 안 된다는 뜻이죠?

힐: 다른 사람과 잘 어울리는 능력은 성공하기 위해 가장 중요한 능력입니다.

레이: 저희 제품에 대해 고객이 남긴 말을 보면 화가 나기도 하는데요. 그럴 때 그 고객에게 제 생각을 말해서도 안 되나요?

힐: 다른 사람과 잘 어울리는 능력은 성공하기 위
        해 가장 중요한 능력입니다.

레이: 좋아요. 제가 졌습니다. 그런데 이 원칙이 반드
        시 모든 사람에게 똑같이 적용된다는 말씀이신
        가요?

힐: 저는 이 능력이 성공의 비결이라고 확신해요.

레이: 그렇다면 〈코로넷〉의 설문 조사에 참여한 성공
        한 젊은 남녀들이 성공이라는 것을 올바르게
        인식하고 있다고 생각하시나요?

힐: 물론이죠.

레이: 성공에 가장 필요한 능력이 정말 사람들과 잘
        지내는 능력이라고 생각하시는 것이죠?

힐: 그렇습니다. 모든 성공은 우리가 다른 사람들
        과 관계를 맺는 것에 기반합니다. 우리가 관여
        하는 모든 일을 다른 사람도 함께하기 마련이
        죠. 다른 사람과 일절 교류하지 않고 성공하는
        사람이란 존재할 수 없어요. 애초에 그렇게 고
        립된 채 살 수 있더라도 말이죠.

레이: 나폴레온 힐에 따르면 성공은 미리 계획한 대

로만 이뤄진다고 합니다. 그리고 저희가 이야기 나눈 대로 다른 사람과 잘 지내는 능력이 그 어떤 것보다 중요하다고 합니다. 나폴레온 힐이 다른 사람과 잘 지내는 방법을 여러분에게 가르쳐 줄까요? 직접 여쭤 보도록 하죠.

박사님의 성공 철학에는 17가지 원칙이 있습니다. 그 원칙 중 몇 가지가 인간관계라는 주제와 직접적으로 연관되나요?

힐: 17가지 중에서 5가지가 직접적으로 관련이 있습니다.

레이: 그렇다면 다른 사람과 잘 지내야 한다는 이야기가 박사님에게는 딱히 새롭지 않겠군요?

힐: 그렇다고 봐야죠. 제가 인간관계라는 요소를 처음 인지했던 것이 성공을 주제로 연구를 막 시작했을 때였습니다.

레이: 다른 사람과 잘 지내는 것과 관련된 5가지 성공 원칙이 무엇인가요?

힐: 첫 번째는 '마스터 마인드' 원칙입니다.

레이: 마스터 마인드의 의미를 잘 모르시는 분들을

위해 이해하기 쉽게 정의를 내려 주실 수 있을
까요?

힐:　　마스터 마인드는 두 명 이상인 사람들의 마음
이 명확한 목표를 향해 완벽히 조화를 이뤄 협
력하는 상태를 말합니다.

레이:　그렇게 함께할 수 있는 사람이 있다면 딱이지
요. 두 사람 이상이 합심해서 완벽한 조화를 이
루며 협력한다니, 이거야말로 다른 사람과 잘
지내는 것 아닐까요? 박사님, 그럼 인간관계와
관련된 두 번째 성공 원칙은 무엇인가요?

힐:　　바로 '매력적인 성격'입니다.

레이:　여러분, 나폴레온 힐이 가르쳐 주는 매력적인
성격의 30가지 요소를 접하고 나면 정말로 그
가 믿는 성공에 가장 중요한 능력이 다른 사람
과 잘 지내는 능력이라는 사실을 알게 될 것입
니다. 그렇지 않고서야 성공 철학에서 매력적
인 성격이라는 주제를 다룰 이유가 없지 않겠
습니까? 박사님, 인간관계와 관련된 다음 성공
원칙을 말씀해 주시겠어요?

힐: '한층 더 노력하는 것'입니다. 항상 주어진 보상
       에 비해 더 많이, 더 열심히 일하고 이를 통해
       긍정적이고 즐거운 마음가짐을 유지하는 것입
       니다.

레이: 여러분은 다른 사람과 잘 지내는 방법에 대해
       누가 말해 준 적이 있나요? 여러분이 알고 지내
       는 사람들과 좋은 관계를 유지하기에 더 좋은
       방법이 세상에 또 있을까요? 여러분이 사장이
       든 직원이든 한층 더 노력하는 것보다 더 좋은
       방법을 떠올릴 수 있을까요?

힐: 어떤 일을 하든 주어진 보상보다 더 많이 일하
       고 더 좋은 결과를 만들어 보세요. 언제나 긍정
       적이고 즐거운 마음가짐으로 임하시고요. 이렇
       게 했을 때 여러분이 사람들과 전보다 더 잘 지
       내게 되는지 직접 확인해 보시기 바랍니다.

레이: 다음으로 이야기할 나폴레온 힐의 성공 원칙은
       종교적 성향이 있는 사람이라면 누구나 가슴에
       새길 만한 원칙입니다.

힐: '황금률'이죠. 사실 황금률은 종교적 성향과 무

관하게 언제나 작용하는 법칙입니다.

레이: 황금률이 종교와 관련이 없다고요?

힐: 종교의 일부일 수는 있겠습니다만, 특정 신조
나 주의의 일부는 아닙니다. 아마 여러분도 동
의하실 거예요. 황금률은 우주의 일부입니다.
황금률의 효력은 이 세상이 창조될 때도 있었
고 우주가 없어진 후에도 여전히 남아 있을 것
입니다. 황금률은 어느 분야든지 영향을 끼치
며 이는 경영과 산업도 예외가 아닙니다. 황금
률이 자신에게는 적용되지 않는다고 생각이 들
면 틀림없이 이내 실패를 겪고 아연실색하게
될 것입니다. 여러분이 대접받고 싶은 그대로
타인을 대하시기 바랍니다.

레이: 나폴레온 힐의 철학을 공부해 보신 분은 아마
놀랄 것입니다. 성공 철학이 어떻게 작용하는
지 보여 주는 그의 방식 때문인데요. 그는 "훌
륭한 사람은 모두 황금률을 따르니 당신도 황
금률을 따라야 합니다"라고 말하지 않습니다.
절대 그렇지 않죠. 그는 이렇게 말합니다.

"당신이 아무리 혼자 합리화해도 황금률이라는 불변의 법칙에서 벗어날 수는 없습니다. 황금률은 매 순간 작용합니다. 당신이 동료에게 행하는 것은 마치 밤이 지나고 낮이 오듯 그대로 당신에게 돌아올 것입니다. 그러니 성공이 찾아오기를 원한다면 당신의 심장이 멈추지 않는 한 성공을 계속해서 주변에 나눠야 합니다."

제 생각에 박사님의 성공 철학 중에서 다른 사람과 잘 지내는 것과 관련된 또 다른 원칙이 있는 것 같은데요. 그렇지 않나요, 박사님?

힐: 맞아요. 그 원칙은 바로 '팀워크', 즉 우호적인 협력이에요.

레이: 이 원칙은 조금 전 말씀하신 마스터 마인드와 비슷할까요?

힐: 마스터 마인드는 여러분과 긴밀히 협력하는 사람들의 소규모 그룹입니다. 하지만 팀워크는 여러분이 업무적으로 교류하는 모든 사람을 포함해야 하며 연관된 모든 당사자의 상호 이익을 위해 협력하는 것입니다. 요컨대 평범한 상

식이라고 볼 수 있죠.

레이: 하지만 팀워크가 사람들과 잘 지내는 능력에
속하는 것은 분명하겠네요.

힐: 물론입니다. 사실상 다른 사람들과 잘 지내는
것 그 자체죠.

레이: 그럼 나폴레온 힐은 〈코로넷〉 2월호에 실린 설
문 조사 결과에 동의한다는 뜻인데요. 사실 그
는 지난 40년 동안 이미 동의하고 있었던 것이
나 마찬가지예요. 개인의 성공에 관한 철학을
만드는 동안 말이죠.
성공에 있어 가장 중요한 능력 하나를 꼽자면
바로 다른 사람들과 잘 지내는 능력입니다. 그
런데 박사님의 성공 철학은 여기서 훨씬 더 나
아가지 않나요?

힐: 맞습니다. 얼마나 더 나아가냐면 제 학생들에
게 다른 사람과의 관계에서 일어나는 모든 일
에 대해 전적으로 책임을 져야 한다고 말할 정
도예요.

레이: 박사님, 정말 모든 일은 아니겠죠!

힐: 정말입니다. 결국 우리는 자신의 성공 또는 실패에 책임이 있어요. 따라서 우리에게 일어나는 모든 일에 책임이 있는 것이죠. 설령 그렇지 않더라도 성공을 향해 마음을 가다듬는 방법, 다시 말하자면 우리의 마음을 완벽히 통제할 수 있을 만큼 생각을 조절하는 방법은 단 하나뿐이에요. 바로 우리에게 일어나는 모든 일에 책임을 지는 것입니다. 다른 방법은 없어요.

이미 일어난 일에 대한 책임을 남에게 전가하는 것은 나약한 사람이나 하는 짓입니다. 제 학생들이 그렇게 되지는 않았으면 좋겠어요. 그들은 스스로 일어설 수 있어야 하고 자신의 마음을 온전히 책임질 줄 알아야 해요. 그들이 세상에 성공을 요구하고 쟁취했으면 합니다.

그래서 저는 제 학생들에게 그들의 인생에서 벌어지는 모든 일에 전적으로 책임을 져야 한다고 역설합니다. 이렇게 해야만 우리는 강하고 긍정적인 마음, 성공을 견디는 마음을 키울 수 있어요. 성공을 견디기 위해서는 강한 마음이 필요하다는 사실을 명심하시기 바랍니다. 성공을 견디는 것이야말로 인격의 진정한 시험대예요. 제 주위에는 실패를 제법 잘 견디는 사람이 많은데요. 이들은 오히려 성공이 찾아왔을 때 그 상황에 전혀 대처하지 못하더군요. 다른 사람들과 잘 지내는 방법을 배운 적이 없기 때문이었습니다. 성공에 필요한 큰 가르침, 즉 한 사람의 성공에는 타인의 지분도 어느 정도 있다는 사실을 배우지 못한 것이지요.

다른 사람들과 잘 지내는 능력이 성공에 가장 중요한 요소라는 점은 확실합니다. 여러분도 다른 사람들과 좋은 관계로 지내는 법을 알게 되면 비로소, 진정으로 자신은 물론이고 세상과 평화롭게 지낼 수 있습니다.

레이: 나폴레온 힐 박사님, 다른 사람들과 잘 지내는 능력에 대해 훌륭한 이야기를 나눠 주셔서 감사합니다.

자기로부터 시작되는 부와 행복
나폴레온 힐 마지막 수업

인쇄일 2023년 12월 11일
발행일 2023년 12월 18일

지은이 나폴레온 힐
옮긴이 정성재
펴낸이 유경민 노종한
책임편집 함초원
기획편집 유노북스 이현정 함초원 조혜진 **유노라이프** 박지혜 구혜진 **유노책주** 김세민 이지윤
기획마케팅 1팀 우현권 이상운 **2팀** 정세림 유현재 정혜윤 김승혜
디자인 남다희 홍진기
기획관리 차은영
펴낸곳 유노콘텐츠그룹 주식회사
법인등록번호 110111-8138128
주소 서울시 마포구 월드컵로20길 5, 4층
전화 02-323-7763 **팩스** 02-323-7764 **이메일** info@uknowbooks.com

ISBN 979-11-7183-001-5(03190)